사소한 불행에
인생을
내어주지 마라

52 KURZGESCHICHTEN,
DIE IHR LEBEN VERÄNDERN WERDEN.
Für mehr Gelassenheit und Seelenruhe durch die Philosophie des Stoizismus
by Johann Kraunes

The Korean language edition published by arrangement with
Avocado Verlag through MOMO Agency, Seoul.

사소한 불행에 인생을 내어주지 마라

흔들리지 않는
1년을 만드는
52주 스토아 철학

요한 크라우네스 지음
이상희 옮김

52 Kurzgeschichten, die Ihr Leben verändern werden

Johann Kraunes

한 그루의 나무가 모여 푸른 숲을 이루듯이
청림의 책들은 삶을 풍요롭게 합니다.

인생의 폭풍에도 쉽게 흔들리지 않는 내면의 지혜

"세상에 우연한 일이란 없다."

삶에서 일어나는 아주 사소해 보이는 일에도 깊은 의미가 담겨 있을지 모른다. 삶의 의미를 잃어가는 사람들, 동시에 삶의 의미를 찾아 나서는 사람들이 점점 늘고 있는 오늘날, 위와 같은 깨달음은 한갓 보잘것없어 보이는 삶에도 위안을 전해준다.

그런데 이 통찰은 최신 학문의 연구 결과가 아니다. 2천 년 이상의 역사를 자랑하는 그리스 철학에서 내린 결론이다. 바로 스토아학파의 철학이다.

과학이 발달한 오늘날 현대 천문학 빅뱅 이론으로 우주의 시초를 설명하지만, 우주와 인간 내면에서 벌어지는 일들 사이에 어떤 연관이 있을지는 여전히 풀리지 않는 수수께끼로 남아 있다. 고대 그리스 철학의 심오한 사상과 거기서 나온 결론은 이 의문들을 풀기 위한 힌트를 오늘날에도 주고 있다.

스토아학파 철학자들에게 지금처럼 최첨단 망원경을 동원해 광대한 우주의 시공간을 탐구한다는 것은 꿈도 꿀 수 없는 일이었을 것이다. 그럼에도 이들은 자연과 인간 삶의 구조를 밝히는 심오한 통찰에 도달했다. 이 얼마나 매혹적이고 흥분되는 사실인가. 여기서 새삼 깨닫는 것은 인간 삶과 우주와의 연관성을 탐구하는 데 필요한 모든 것이 바로 우리 안에 있다는 점이다. 게다가 스토아학파 철학자들은 그렇게 밝혀낸 원칙들을 자기 삶에서 몸소 실천하고자 했다. 생각으로 끝내지 않고 실천하는 것이 스토아주의다.

우주의 원칙들과 조화를 이루며 행복하고 의미 있는 삶을 사는 것. 이것이 스토아 철학의 목표다. 물론 말로는 쉽지만 이론적인 명제를 넘어서 그 목표가 의미하는 바는 무엇일까?

오늘날 스토아학파 철학자들의 길을 따라가고자 한다면 사고의 전환은 필수다. 현대 사회는 스토아 철학의 원칙에서 아주 멀어졌기 때문이다. 급속히 퍼져가는 소비주의적 사고가 현대인의 삶에서 갈수록 큰 비중을 차지하고 있다. 하지만 겉보기와는 달리 진정한 삶의 의미를 되찾고 싶은 인간의 소망도 그만큼 더 커지고 있다.

참된 인식은 언제나 시대를 초월하며, 그렇게 등장한 생각들은 세상을 바꾼다. 물론 당신이 이 책에서 만나게 될 스토아학파 철학자들의 핵심 주장은 불교나 중국의 도가 사상 등 여러 종교 및 철학에서도 만날 수 있는 것들이다. 마르쿠스 아우렐리우스는 이 책 첫머리에 소개한 '우연이란 없다'는 스토아적 명제 뒤에 자리한 생각을 자신의 《명상록》[1]에 명확하게 기록해두었다. 스토아학파의 대표적 인물이자 로마제국 황제였던 아우렐리우스는 스토아의 기본 사상을 다음과 같이 정리해 후대에 전했다.

만물은 신성한 유대로 맺어져 있다. 서로 생소한 것이란 없다. 모든 피조물은 상호 보완하면서 똑같이 세상의 조화로운 질서를 목표로 한다.

우리 삶에 우연이 존재한다는 생각은 우리에게 일어나는 사건들에 얽힌 인과관계를 모르는 데에서 비롯된다. 세상만사는 뜻깊은 의미를 통해 서로 연결되어 있다. 아우렐리우스의 《명상록》에는 이런 구절도 있다.[2]

만물로 이루어진 하나의 세상이 존재한다. 서로 동일한 이성을 공유한 이 모든 존재를 완전하게 하는 것이 존재하는 것과 마찬가지로 만물에 내재한 하나의 신, 하나의 실체, 하나의 법칙, 모든 이성적 존재에 공통된 하나의 이성, 그리고 하나의 진리가 있다.

일상에서 신과 세계에 대해 이처럼 깊이 성찰하는 사람은 드물다. 하지만 이 같은 스토아 철학을 따르고자 했던 이들은 역사 속에 많이 있었다. 고대 그리스에서 시작된 스토아학파는 대략 기원전 300년과 기원후 250년 사이 로마의 고대 세계관으로까지 확장되며 황금기를 맞이했다. 그 후로 지금까지 오랜 세월이 흘렀음에도 스토아 철학의 가장 중요한 원칙은 오늘날 그 어느 때보다 시의적절한 메시지를 주는데, 바로 자기 자신과 자연과의 조화된 삶이다.

당신도 스토아 철학이 지향한 삶을 동경하는가? 불안하고 분주하고 늘 스트레스에 시달리는 대신 침착하고 평온하고 균형 잡힌 삶을 살고자 한다면 당신은 이미 스토아주의자가 되는 첫걸음을 내디딘 셈이다. 사소한 불행에 저당잡히지 않고 살아갈 지혜를 얻고 싶어 이 책을 집어 들었다면 당신은 스토아 철학의 지혜에 따라 살아갈 준비가 된 것이다. 인간이라면 누구나 삶에서 주어진 자기 자리를 찾고, 사고와 행동을 통해 그 자리를 최대한 훌륭하게 채워나가고 싶어 한다. 그러려면 어느 정도 자제심을 발휘할 필요가 있다. 그래야 자신에게 주어진 운명과 삶의 우여곡절을 받아들이는 것도 쉬워진다.

스토아 철학과 관련 깊은 인물로 알려진 15세기 프랑스의 유명한 인문주의자이자 철학자, 작가였던 프랑수아 라블레François Rabelais는 이런 말을 남겼다.[3]

"운명은 원하는 자는 이끌어주고, 원하지 않는 자는 끌고 간다."

***

평정심과 태연함에 눈이 뜨인다면, 앎과 지혜로 이끌어줄 문이 눈앞에 활짝 열릴 것이다. 그동안 끝없는 소비를 부추겨온 현대 사회에 물들어 있었다면, 이제까지 빠져 있던 습관 및 생활방식과 내면으로부터 정신적으로 작별하는 기회를 얻을 수 있을 것이다. 앞으로 우리에게 참된 인식을 전해줄 스토아 원칙들을 하나하나 자세히 소개할 것이다. 핵심은 참되고 지속적인 행복은 결코 외부의 요인에 달려 있지 않음을 깨닫는 데에 있다.

행복은 삶을 대하는 태도의 결과이면서 동시에 이성과 그 원칙들에 따라 생각하고 행동하는 능력의 결과다. 스토아 철학자들은 역경 앞에서도 흔들림 없이 명철한 정신을 유지하는 것으로 유명한데, 당신도 얼마든지 이런 미덕을 발휘할 수 있다.

당신이 이 같은 능력을 갖출 수 있다면 얼마나 좋은 일인가. 이 책에서 다루는 주제도 바로 그와 관련된 것이다.

차례

◆ 7월 July

◆ 8월 August

◆ 9월 September

세상에서 가장 짧은 스토아 철학 수업

스토아학파는 어떻게 생겨났는가

'스토아주의' 및 '스토아학파'라는 이름은 고대 그리스·로마 세계에서 서양 기독교 문화권에 전해진 매우 영향력 있는 철학 사상 중 하나를 가리킨다.

스토아학파는 기원전 300년경 그리스 사상가 키티온의 제논Zeno of Citium에 의해 창시되었다.[4] 그의 저작은 현재 전해지지 않지만, 후대 문헌을 통해 알려진 바에 따르면 제논은 여러 철학 학파를 찾아다니며 11년 동안 배움의 과정을 거친 뒤 기원전 300년경부터는 직접 철학을 가르치기 시작했다. 그런데 제논과 그의 제자들에게는 정기적으로 공부하고 가르침을 펼칠 만한 공간이 없었다. 그래서 그들은 그리스어로 '스토아 포이킬레Stoa Poikile'라 불리는 '채색된 주랑(기둥이 늘어선 복도)'에 모였다. 그곳은 고대 아테네의 큰 시장이자 광장인 '아고라'의 북쪽 끝자락이었고, 거기서 회합한 철학자들을 가리켜 스토아학파라 불렀다.

스토아학파가 언제 체계적인 학파로 정립되었는지는 수수께끼로 남아 있다. 초기 스토아학파에 관한 가장 중요한 문헌은 디오게네스 라에르티오스Diogenes Laërtius로부터 전해지는데, 그가 남긴 《유명한 철학자들의 생애와 사상》에는 스토아학파 인물들의 실제 삶에 관한 여러 일화가 담겨 있다.[5] 제논이 금욕적인 생활을 했고 마른 체격을 가졌다는 이야기도 여기서 전해진다.

여기서 짚고 넘어갈 점은 스토아학파의 금욕적 측면이다. 스토아학파에서는 이른바 카테콘Kathekon('의무' 또는 '적합한 것', '마땅한 것'을 뜻하는 스토아 철학 용어) 이론을 통해 인간의 도덕적 행위를 비롯해 욕망을 자제할 의무를 다루고 있다. 이와 관련해 스토아주의에서 내건 최고의 이상은 '아파테이아Apatheia', 즉 초연함이다. 어떠한 정념이나 욕망에도 휘둘리지 않는 상태를 뜻하는 초연함은 변화무쌍한 운명 앞에서 각 개인이 어떤 마음으로 대처해야 하는지를 말해준다. 인생 최악의 또는 최고의 순간을 맞이할 때마다 일희일비하는 태도는 절대 바람직하지 않다. '아파테이아'는 그 어떤 감정의 동요도 없이 만사를 초연하게 받아들이고 고통과 쾌감에 대해 똑같이 무심한 마음을 가지는 것이다. 이는 결국 인간과 우주 간에 고차원적으로 맺어진 관계를 깨닫는 지혜이기도 하다.[6]

스토아학파에서는 이성에 부합한 상태를 이상적인 것으로 여기고, 인간에게도 그럴 능력이 있다고 믿는다. 이런 이성은 인간에게 지배자 없는 사회, 즉 고대 그리스에서 '아나르키아Anarchia'로 불리던 사회로 가는 길을 열어줄 수 있다.[7] 다만 스토아 철학에서 말하는 '아나르키아'는 오늘날 이해하는 것과는 사뭇 의미가 다르다. 즉 모든 규범에 반해 멋대로 쾌락과 욕망을 탐닉하는 것이 아니라 여러 고대 철학자의 저서에서도 지적하듯 이성에 바탕을 둔 사회를 말한다. 이런 이유로 스토아학파는 사람들 간의 조화로운 관계에 주목하고 마음의 평정을 가져다주는 실질적 조언을 중시한다.

우주에 있는 모든 것은 연결되어 있다

앞서 언급한 로마제국의 황제이자 철학자 아우렐리우스의 말에서도 짐작할 수 있듯이 스토아 철학은 의미 있는 삶의 모습을 제시해 일상에 도움을 주는 것으로 만족하지 않는다. 나중에 자세히 살펴볼 테지만 스토아 철학의 도덕 및 윤리 원칙은 오히려 특정한 우주관, 즉 고대 그리스의 우주에 관한 근본 인식에서 논리적으로 추론된 것이다. 스토아 철학은 고대 그리스의 우주관과 떼어놓고 생각할 수 없다.

스토아학파는 세상을 전체로 파악할 필요가 있다고 강조한다. 물질세계에서는 그렇게 보이지 않지만, 만물은 서로 긴밀히 엮여 하나의 전체를 이룬다고 보았다. 그런데 스토아 철학자들은 관찰 가능한 자연 현상과 자연법칙을 통해서도 신의 원리가 만물에 스며들어 모두를 인도한다는 결론을 내린다.[8] 이처럼 언제 어디서나 작용하는 우주의 원칙과 그것이 자기 삶과 갖는 관련성을 깨닫지 못하는 자는 우주 속 개인으로서 자신이 차지하는 위치를 찾기가 힘들 것이다. 이 같은 목표와 이상적인 상태에 가까워질수록 자신에게 주어진 임무를 다하고 운명이 부여한 역할을 훌륭히 수행할 가능성도 커진다. 잘 알다시피 고대 그리스의 우주관에서는 신들의 무리가 존재하고 이를 바탕으로 자연의 힘과 원리, 법칙 등이 의인화되어 있다. 로마제국만큼이나 고대 그리스에서도 신들을 숭배하는 현상이 널리 퍼져 있었는데, 제우스·아테나·크로노스·헤라·아폴론 같은 신들이 그 숭배 대상이었다. 스토아학파를 대변하는 이들도 스스로를 다신론자, 즉 하나의 신이 아니라 여러 신을 믿는 철학자로 이해했다.

여기서 한 가지 의문이 떠오른다. 이런 생각이 어떻게 전체론적 사고와 조화를 이룰 수 있을까? 현대의 '다신론' 개념에는 고대 문화에서는 익숙한 요소가 빠져 있는데, 과거에는 여러 신을 숭배하더라도 동시에 하나의 통일적 존재로서의 신을 인정하고 숭배했다는 점이다. 그러므로 다신론은 일신론의 반대 개념이 아니다. 역사가와 종교학자들이 여러 유대교·기독교 서적에서 스토아적 인생관과 유사한 점을 발견하는 이유도 거기에 있다. 오늘날의 오해와 달리, 현실의 여러 유형의 다신교에서는 자연의 힘을 통일적인 신의 지성이 다양한 개별 신들로 나타나고 있다고 믿고 있다.[9]

스토아 철학자들은 자신들이 인식하고 이해하는 자연 현상과 그 법칙적 연관성을 넘어 세계를 총체적으로 파악하는 것을 목표로 삼는다.[10] 세계는 인과관계로 맺어진 하나의 사건으로, 그 각각의 부분들은 지배적인 보편 원칙의 표현이자 발현이다. 따라서 스토아 철학에 따르면 모든 인간은 세계 속에서 각자의 일정한 위치를 부여받고 있다. 이제 중요한 것은 신적 질서 속에서 그 자리를 깨닫고 충실히 채워나가는 일이다. 스토아학파에서 말하는 운명에 대한 순응은 '아타락시아Ataraxia'라고도 하는, 완전한 자기 통제와 평정으로 얻을 수 있다. 스토아 철학자들의 세상에 대한 열린 자세는 여기서 비롯되었다. 덕분에 스토아주의는 초기 창시자들과 함께 금방 사라지는 대신 세상의 변화를 뚫고 지금까지 살아남을 수 있었다.

이 같은 스토아 철학만의 독특한 메시지는 다양한 종교에서 재발견된다. 한편, '긍정의 철학Affirmation philosophy'이라고도 불리는 스토아학파의 우주관은 고대에 널리 퍼져 있던 영지주의Gnosis와는 근본적으로 다르다.[11] 실제로 스토아학파와 영지주의는 정반대의 세계관을 드러낸다. 스토아학파가 내세우는 '긍정의 철학'에서는 세상만사가 결국에는 미리 정해진 방향으로 흘러갈 수밖에 없다고 가정하는 반면, 영지주의자들은 이런 태도를 거부한다. 영지주의에서 세계는 극복해야 할 일종의 '하강 운동', 추락, 거대한 악의 결과일 따름이다. 스토아학파의 문헌에는 다음과 같은 구절

이 등장한다.[12]

우주, 세계 전체는 작용하는 원칙과 작용받는 원칙, 이 두 가지로 이루어져 있다. 작용받는 원칙은 질료, 즉 스스로는 아무 성질이 없는 물질을 말한다. 반면 그 안에서 작용하는 원칙은 신성으로 불리는 '로고스Logos'인데, 이 영원한 것이 끝없이 만물에 침투한다. 이렇게 해서 개별 사물들이 만들어진다.

본성을 따르는 것이 좋은 삶이다

스토아주의자들에 따르면 세계는 '아이테르Aither'라 불리는 태초의 불에서 탄생했다. 이 불에서 존재자, 즉 질료인 '힐레Hyle'가 생기고, 여기에 바로 신적 이성으로서 우주 전체에 작용하는 로고스가 생기를 불어넣는다. 로고스는 세계에 스며들어 있을 뿐 아니라 질서를 부여하고 유지하며, 거기에 있는 영혼이 깃든 사물들을 움직인다. 로고스는 세상의 척도가 되고, 법칙성을 제공하고, 종국에는 목적과 의미를 부여하는 원칙이다. 이는 지상의 천지 만물, 세계 역사뿐 아니라 저마다 신적 로고스와 논리를 따르는 천체에도 해당한다. 로고스는 작은 것들에 내재한 우주의 정신이다. 전체로서의 우주는 언제나 하나이므로 로고스도 하나다. 그리고 이 하나는 스토아학파의 사상에서 중요한 역할을 하는 논리학에도 고스란히 드러난다.

로고스는 이 세상 만물 속에, 만물을 통해 표현되기 때문에 좋고 나쁘고를 떠나서 세상만사는 미리 정해져 있다. 스토아학파에서는 이를 두고 '섭리'라고 한다. 그리스어로 '프로노이아Pronoia', 라틴어로는 '프로비덴티아Providentia'라고 하는 것이다. 여기서 나오는 결론은 다음과 같다. 이미 세상 만사가 결정되어 있으므로 인간은 자신에게 삶의 직분을 부여해준 자기 고유의 운명('하이마르메네Heimarmene')을 파악할 수 있고, 이에 맞게 도덕적 삶을 살 수가 있다.[13] 이것이 스토아학파에서 '자연(본성)에 따른 삶secundum natura vivere'이라고 하는 것인데, 인간은 끝없는 인과의 사슬로 이루어진 자신의 본성에 따라 살아가야 한다는 뜻이다. 또 인간은 공동체에서 살아가도록 정해진 존재이므로 공동체에 봉사하는 삶을 사는 것이 마땅한 의무이고, 이 의무를 실현하는 삶을 '적극적인 삶vita activa'이라고 했다.

디오게네스 라에르티우스 같은 고대 역사가들의 말에 따르면 스토아학파의 논리 개념은 당대 최고의 논리학자였던 크리시포스Chrysippus에 의해 정립되었다. 크리시포스는 인식론 전반과 수사학, 변증술로 이루어진 스토아 논리학을 체계화했다.[14]

스토아 철학자들은 로고스 개념을 언어와 이성으로 표현되는 신적인 질서 원칙으로 이해한다. 따라서 모든 유형의 올바른 논증 및 사고를 위한 형식상의 규칙, 나아가 사고 과정을 드러내는 언어의 모든 영역이 논리학에 포함된다. 실제에 적용하면 '어떤 사람이 자신이 무언가를 안다고 말할 수 있으려면 참으로 증명되는 발언을 해야 한다'는 의미다. 그런데 스토아학파에서는 무엇을 진실로 판단할지도 규정한다. 진실은 판단 기준에 의해, 즉 특정한 결정 수단의 도움을 받아 방법론적으로 올바르게 제시되어 누가 봐도 명백한 경우에 규명된다. 그런데 이런 단계에 이르려면 자기 통제(극기)가 필수다. 자기 통제가 가능한 사람만이 사물을 정확히 바라볼 수 있기 때문이다. 반면 감정이나 기분, 저열한 본능에 이끌리는 자는 진리를 포괄적으로 인식하는 능력이 떨어지기 마련이다.

스토아 논리학의 대표적인 분야로 꼽히는 것은 아마도 변증술과 수사학일 것이다. 변증술이 질문과 대답이라는 형식을 통해 진실을 밝히고 그로부터 인식을 얻는 역할을 한다면, 수사학은 이러한 인식을 설득력 있게 정돈되고 아름답게 전달하려는 목적을 가진다. 제논은 구체적인 제스처를 통해 이 둘의 관계를 설명한다. 전해지는 일화에 따르면 주먹 쥔 손으로 사고의 엄격한 질서가 돋보이는 변증술을, 손바닥을 펼쳐 보임으로써 수사학을 비유적으로 표현했다고 한다.[15]

신의 로고스가 깃든 자연의 일부인 인간은 이성적 사고를 통해 가장 높은 인식에 도달하는 데 필요한 수단을 부여받았다. 다만 이 같은 인식 과정의 바탕을 이루는 것은 생활 태도와 습관 등이 포함된, 특정 목표에 맞추어진 개개인의 삶의 방식이다. 이와 관련해 스토아 윤리학은 '오이케이오시스Oikeiosis'라고 하는 평생에 걸친 자기완성의 과정을 제시한다. 이 과정을 거치면서 인간은 낮은 차원의 정념에서 해방될 뿐 아니라('아파테이아Apatheia'), 자족('아우타르키아Autarkia'), 그리고 내적 평정 및 부동심('아타락시아Ataraxia')에 이르게 된다. 물론 정념에서 벗어나더라도 수동적 태도에 빠져서는 안 된다는 것이 스토아 철학의 지론이다. 아우렐리우스는 스토아 윤리학의 중요한 교훈을 이렇게 요약한다.[16]

> **일하라! 하지만 비참하게 일하지 말고, 칭송받거나 연민받기 위해 일하지 말라. 공동체에 최선인 것을 따라 행하거나, 아니면 잠잠히 있으라.**

스토아 철학에서 무엇을 기대할 수 있는가

스토아 철학은 처음 등장한 이래 수 세기에 걸쳐 끊임없이 세상의 변화에 적응해왔고, 스토아 철학자들도 새로운 환경에 맞춰 자기 생각을 고쳐나가기를 두려워하지 않았다.

이렇게 시대와 환경에 맞춰 발전한 스토아 철학을 담은 이 책에서 당신은 무엇을 얻을 수 있을까? 물론 이 책이 당신의 운명을 알려줄 수는 없다. 하지만 스토아 철학이 제시한 삶의 규칙과 그것을 일상에 적용한 사례들을 통해 어떻게 하면 보다 충만한 삶을 살아갈 수 있을지를 보여줄 것이다. 특히 52가지의 이야기를 통해 스토아 철학을 개인의 삶과 일에 적용하는 것이 어떤 의미인지를 깨닫게 될 것이다. 또 우리 삶이 미리 정해져 있다는 말의 참된 의미를 깨달음으로써 지금 이 순간 자신이 어디에 서 있는지, 삶에서 무엇을 바라는지, 어떤 삶의 목표와 행복이 자신을 기다리고 있는지를 깨닫게 될 것이다. 이를 위해서 다음 세 가지 기본 질문에 대한 대답이 중요한 의미를 지닌다.[17]

1. 한 사람의 개인으로서 나는 어떻게 행복해질 수 있을까?
2. 나는 사회와 어떤 관계를 맺고 있는가?
3. 내 주변 세계에 유익한 것은 무엇인가?

스토아학파에서 말하는 철학의 중요한 세 가지 원칙과 여기서 이끌어낼 수 있는 삶의 규칙들을 다시 한번 소개하고자 한다.[18]

1. 아파테이아Apatheia: 정념에서 벗어난 상태

아파테이아란 두려움, 노여움, 슬픔, 혐오, 놀라움 같은 감정들이 불러일으키는 정념과 열정에서 벗어난 자유로운 상태를 말한다. 여기서 이끌어낼 규칙은 **'당신의 정념과 충동에 굴복하지 말라!'**는 것이다.

2. 아타락시아Ataraxia: 부동심

아타락시아는 스토아적 '평정심'에 도달한 상태를 말한다. 이런 상태에 이른 정신은 온갖 역경이 도사린 종잡을 수 없는 인생 앞에서 흔들리는 법이 없고 정념에도 영향을 받지 않는다. 여기서 이끌어낼 규칙은 '**언제나 평온한 상태를 유지하고, 흔들리지 않는 마음, 부동심을 연습하라**'는 것이다.

3. 아우타르키아Autarkia: 자족

아우타르키아는 외적인 부유함과 무관한, 다시 말해 소비사회와 거기서 제공되는 온갖 상품, 그리고 타인의 영향에서 자유롭게 살아가는 자족적인 삶의 방식을 말한다. 가령 오늘날 유행하는 미니멀리즘도 자본의 공급망에서 독립해 최대한 자급자족적인 삶을 살도록 하는 것을 목표로 한다. 여기서 이끌어낼 규칙은 '**사물과 사람에 종속되지 말라**'는 것이다.

이 세 가지 규칙에 따라 살아간다면 당신은 스토아 철학에서 말하는 **에우다이모니아Eudaimonia, 즉 행복에 이를 수 있다.**

***

당신은 하루에도 얼마나 자주 여러 사소한 일로 화를 내는가? 지나고 나면 별일 아닌 일에 얼마나 자주 분통을 터뜨리는가? 그러면서 한편으로는 조용하고 여유롭게, 동요 없이 일상을 보낼 수 있다면 얼마나 좋을까 하고 생각한 적이 얼마나 많았던가? 현대인의 삶에 일대일로 적용할 수 있는 스토아 철학의 원칙은 이렇다.

"중요한 것은 인생에서 어떤 일이 닥치는지가 아니라 그 일에 어떻게 반응하는지임을 깨달아라."

잘못된 반응은 스트레스를 일으키기 쉬워 코르티솔 같은 스트레스호르몬 분비를 초래한다. 이런 현상이 반복되면 건강마저 잃게 되는 건 불 보듯 뻔한 일이다. 반면 사려 깊게, 신중하고 적절하게 반응한다면 정념에 휩쓸려 마음의 평정을 깨뜨리는 우를 범하지 않을 것이다. 많은 사람이 자기 삶에 속하지 않는 것을 갈망하면서 이런 우를 범한다. 필요하지 않은 것임에도 광고 속 신제품을 보면 갖고 싶다는 욕망이 머리를 치켜든다. 이렇게 끝없이 욕구가 자극되는 악순환이 벌어지면서 결국 진짜 삶과 그 행복으로부터 멀어지고 만다. 고대 그리스의 유명한 스토아 철학자 에픽테토스는 이를 두고 이렇게 말했다.

세상에는 우리 힘으로 할 수 있는 일과 우리 힘으로는 할 수 없는 일이 있다. 판단력, 노력, 욕망, 거부 등은 우리 권한 안에 있다. 이 모두는 우리 의지가 작용한 결과물이다. 육신, 재산, 명예, 사회적 지위 등은 권한 밖의 일이다. 또 우리 자신이 이룬 성과가

아닌 모든 것도 그렇다.

에픽테토스의 말에서 스토아 철학의 또 다른 중요한 원칙을 알 수 있다. 뭐든지 통제 가능하다는 망상에 빠진 우리 시대에 특히 유용한 것이다.

"당신의 영향 아래에서 할 수 있는 것과 그렇지 못한 것을 구분하는 법을 배워라."

무수한 고통의 원인은 두 가지 오류에 뿌리를 두고 있다.[19] 스토아 철학이 경계하는 가장 중요한 두 가지 오류는 다음과 같다.

1. 당신의 영향력 밖에 있는 일을 통제하고 권한을 행사하려는 끊임없는 헛된 시도
2. 이로 인해 당신이 효과적으로 통제할 수 있는 일들을 소홀히 하는 것

전적으로 인간이 통제할 수 있는 것이 무엇인지 묻는다면 대부분 선뜻 대답하지 못할 것이다. 하지만 답은 간단하다. 바로 당신의 생각과 그 생각이 따르고 있는 신념이다. 오직 그뿐이다. 스토아 철학에 따르면 당신은 오로지 자신이 생각하는 것에 대해서만 완

벽한 통제권을 갖는다. 생각한 것을 실행에 옮기는 과정에서 벌어지는 다양한 일들은 이미 당신의 통제 밖이다. 만일 그럴싸한 사업 계획이 떠올랐다면 그것을 실현하기 위해서는 다른 사람들의 도움이 필수적이다. 이 밖에도 삶에서 당신이 통제력을 행사할 수 없는 상황은 수두룩하다. 가령 아침에 집을 나서고 얼마 안 돼 비가 내리기 시작하거나, 한 시간가량 교통 체증 속에 갇혀서 혹은 버스가 제때 오지 않아 회사에 늦을 수 있는 상황 말이다. 이럴 때 당신이 할 수 있는 일은 없다. 모두 당신의 통제 밖 일이기 때문이다. 이런 상황에 처했을 때 내가 효과적으로 통제할 수 있는 일에 소홀한 채 외부의 것을 통제하려는 헛된 시도에 휘둘린다면 어쩔 수 없는 일과 상황에 자신을 내맡기는 셈이다. 당신은 바람 앞의 잎사귀처럼 흔들리고, 그 바람은 자기도 모르는 사이에 폭풍으로 돌변할 수 있다. 그럼 결국 삶 자체를 잃을지도 모른다.

당신의 길을 가지 못하게 방해하는 해로운 요소들로부터 자신을 해방시키도록 하라. 당신의 행동이 스토아 철학의 네 가지 주요 덕목, 즉 용기·절제·정의·지혜에 부합하는지 물어보라.[20]

10가지 문장으로 보는 스토아 철학의 핵심 가르침

1. 장애물이 곧 길이다.

사람들은 대부분 눈앞에 장애물이 나타나면 치우기에 급급하다. 그래야 더 빨리 목표에 다다를 수 있다고 여긴다. 하지만 실상은 그렇지 않다. 운명이 정해준 삶에서는 장애물도 미리 정해져 있으며, 이를 헤치고 나아가야 한다. 아무런 장애물 없이 곧장 목표로 달려가는 길에서 깨달음을 얻기란 쉽지 않다. 그러니 장애물이 나타나면 기꺼이 받아들이자. 난관 없는 삶이란 없기에 스토아주의자들은 결코 이에 대해 고민하거나 두려움을 갖지 않는다.

2. 통제할 수 있는 것에만 신경을 써라.

살아가면서 나의 통제 밖에 있는 것에는 관심을 두지 말자. 그러면 삶이 가벼워진다. 스토아 철학에서는 통제 가능한 것은 오직 자기 생각뿐이라고 한다. 자기 생각에서 나온 행동과 그 결과에 대해 완전히 통제하기는 힘들지만, 자신에게 벌어지는 일에 어떻게 반응할지는 자기 자신에게 달린 일이다.

3. 내가 느끼는 감정은 오로지 나 자신에게서 나온 것이다.

내가 어디에 있든 누구를 만나든 어떤 일을 겪든 모든 감정은 나의 내면에서 나온다. 바깥세계는 감정을 자극해 나의 반응을 유도한다. 그러나 자기감정과 정념을 제대로 붙잡고만 있다면 감정이 나를 흔들지라도 적절히 통제할 수 있다. 스토아주의자는 감정에 흔들리고 있을지언정 마음의 동요가 없는 상태를 갈망한다. 따라서 스토아 철학에서 말하는 고결한 삶에 이르려면 감정과 그 속에서 솟아나는 과한 열정을 버려야 한다.

4. 한 번의 성공이나 실패로 인생이 좌우되지 않는다.

스토아주의자에게 이기고 지는 것은 삶의 일부이고 기꺼이 감수해야 할 운명이다. 따라서 성공이나 실패 앞에서 감정적으로 대응하는 것은 바람직하지 않다. 항상 논리에 맞는 태도로 성공과 실패를 대하고 거기서 교훈을 얻어라. 즉 매사에 적절한 반응을 보여라. 한 번의 실패로 삶의 의미가 사라졌다고 낙담하지 말라. 성공 뒤에 실패가 오고 실패 뒤에 성공이 찾아오는 법이다.

5. 생산적인 사람이 되고 계획한 일은 끝까지 해낸다.

생산적인 삶을 살아라. 어떤 일을 행하고 완수했을 때 만족감을 느끼는 사람이 바로 스토아주의자다. 스토아적 원칙에 따라 결정하고, 마음먹은 일은 최선을 다해 끝내도록 하자. 스토아주의자의 삶에서 시간만큼 값진 재산은 없다. 시간을 낭비하지 말고, '달콤한 인생' 같은 말에 현혹되지 말자. 그렇다고 휴식의 시간을 가지지 말라는 뜻은 아니다.

6. 늘 지금 이 순간에 머물러라.

'현재에 머문다'는 원칙은 스토아 철학의 인식론을 통해 나온 것이다. 스토아주의자의 삶에서도 과거와 미래는 나름의 자리를 차지하지만, 그보다는 현재에 최선을 다하고 도덕적 존재가 되고자 애쓰는 것이 스토아주의자의 참모습이다. 하루를 마무리할 때 오늘 무엇을 이루었는지, 잘한 일과 잘못한 일은 무엇인지 자신에게 되묻자.

7. 항상 기대치를 낮추어라.

좋은 일이든 나쁜 일이든 어떤 일이 생길 때마다 놀란다면 자신의 감정과 그로 인한 감정적 행동의 지배를 받는 셈이다. 그러므로 스토아주의자는 언제나 성공과 실패에 대한 기대치를 낮출 필요가 있다. 무엇보다 성취한 것에 만족해야 한다. 끊임없이 더 많은 것을 원하는 태도는 반(反)스토아적이다. '적을수록 풍요롭다'라는 마음가짐이야말로 스토아주의자가 가져야 할 자세다. 적게 소유할수록 사물에 지배당할 일이 줄어들고, 잃는 것도 적다.

8. 항상 덕을 갖춘 사람이 되어라.

비록 주변 환경이 당신을 힘들게 할지라도 당신이 배운 덕에 충실하라. 그 같은 덕목은 난관을 극복하는 데 도움이 될 것이다. 어떤 여건 속에서라도 덕목을 실천하며 살아라.

9. 남들이 어떻게 생각하든 개의치 말라.

사람들은 흔히 자신을 남보다 높이 평가하면서도 남의 의견을 더 중시한다. 스토아주의자라면 남의 운명이 아닌 자신의 운명에 충실한 삶을 살아야 한다. 의견에 대해서도 마찬가지다. 하루하루 스스로에게 감동받을 수 있도록 노력하고, 남들에게 특별한 인상을 주려 고민하지 말라.

10. 감사하는 법을 훈련하라.

이는 곧 내가 갖지 못한 것, 또는 그렇게 생각하는 것에 집중하지 말라는 뜻이다. 지금 나에게 있는 것에 감사하라. 설령 가진 것이 많지 않더라도 다행이라며 감사하게 여기자. 소유는 깨달음으로 가는 길의 최대 장애물 중 하나다.

❶ 52주 스토아 철학 이야기

1년 동안 매주 한 편씩 읽을 수 있는
스토아 철학의 지혜가 담긴 다양한 일화를 소개합니다.

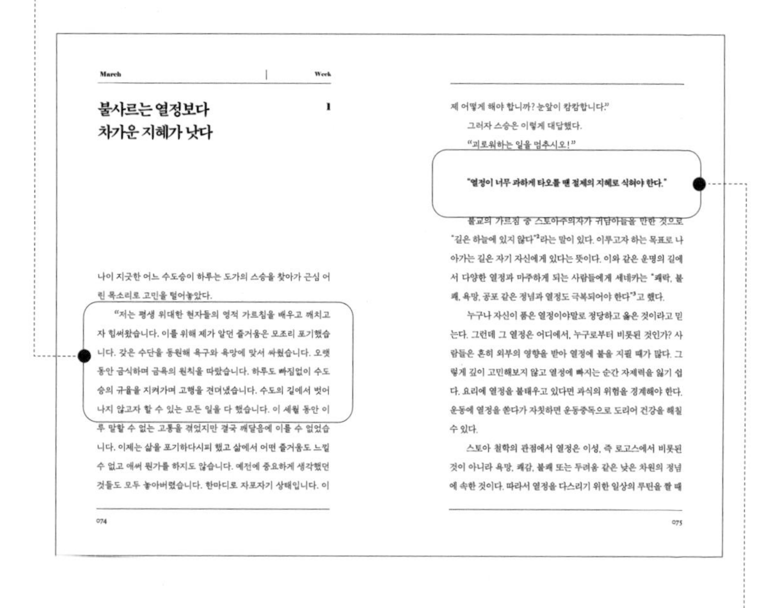

March | Week

불사르는 열정보다
차가운 지혜가 낫다 1

나이 지긋한 어느 수도승이 하루는 도가의 스승을 찾아가 근심 어린 목소리로 고민을 털어놓았다.

"저는 평생 위대한 현자들의 영적 가르침을 배우고 깨치고자 힘써왔습니다. 이를 위해 제가 알던 즐거움은 모조리 포기했습니다. 갖은 수단을 동원해 욕구와 욕망에 맞서 싸웠습니다. 오랫동안 금식하며 금욕의 원칙을 따랐습니다. 하루도 빠짐없이 수도승의 규율을 지켜가며 고행을 견뎌냈습니다. 수도의 길에서 벗어나지 않고자 할 수 있는 모든 일을 다 했습니다. 이 세월 동안 이루 말할 수 없는 고통을 겪었지만 결국 깨달음에 이를 수 없었습니다. 이제는 삶을 포기하다시피 했고 삶에서 어떤 즐거움도 느낄 수 없고 애써 뭔가를 하지도 않습니다. 예전에 중요하게 생각했던 것들도 모두 놓아버렸습니다. 한마디로 자포자기 상태입니다. 이제 어떻게 해야 합니까? 눈앞이 캄캄합니다."

그러자 스승은 이렇게 대답했다.

"괴로워하는 일을 멈추시오!"

"열정이 너무 과하게 타오를 땐 절제의 지혜로 식혀야 한다."

불교의 가르침 중 스토아주의자가 귀담아들을 만한 것으로 "길은 하늘에 있지 않다"[2]라는 말이 있다. 이루고자 하는 목표로 나아가는 길은 자기 자신에게 있다는 뜻이다. 이와 같은 운명의 길에서 다양한 열정과 마주하게 되는 사람들에게 세네카는 "쾌락, 불쾌, 욕망, 공포 같은 정념과 열정도 극복되어야 한다"[3]고 했다.

누구나 자신이 품은 열정이야말로 정당하고 옳은 것이라고 믿는다. 그런데 그 열정은 어디에서, 누구로부터 비롯된 것인가? 사람들은 흔히 외부의 영향을 받아 열정에 불을 지필 때가 많다. 그렇게 깊이 고민해보지 않고 열정에 빠지는 순간 자제력을 잃기 쉽다. 요리에 열정을 불태우고 있다면 과식의 위험을 경계해야 한다. 운동에 열정을 쏟다가 자칫하면 운동중독으로 도리어 건강을 해칠 수 있다.

스토아 철학의 관점에서 열정은 이성, 즉 로고스에서 비롯된 것이 아니라 욕망, 쾌감, 불쾌 또는 두려움 같은 낮은 차원의 정념에 속한 것이다. 따라서 열정을 다스리기 위한 일상의 루틴을 짤 때

074 075

❷ 금주의 핵심 아포리즘

각 주의 이야기에 담긴 스토아적 지혜를
간결하고 통찰 깊은 문장으로 전달합니다.

❸ 삶에 적용하는 스토아적 해설

각 이야기에서 스토아 철학의 가르침을
우리 일상에서 실천할 수 있는 방법을 전합니다.

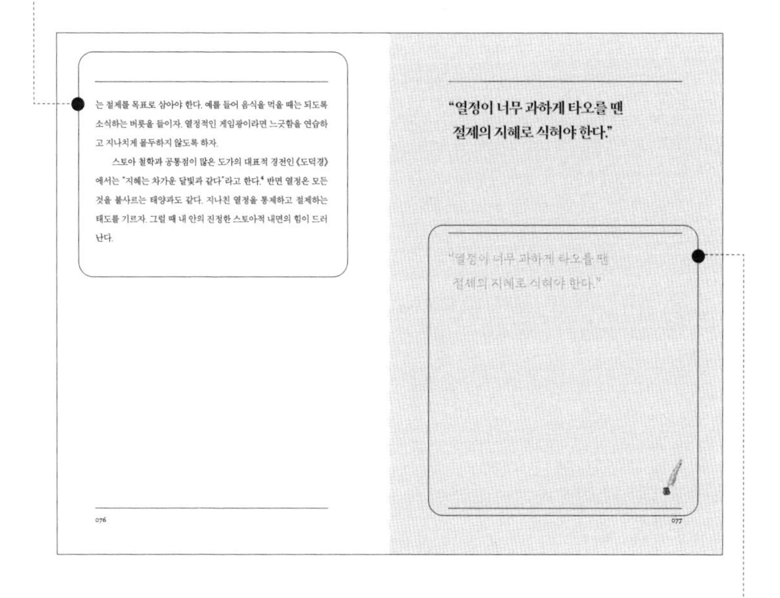
는 절제를 목표로 삼아야 한다. 예를 들어 음식을 먹을 때는 되도록 소식하는 버릇을 들이자. 열정적인 게임광이라면 느긋함을 연습하고 지나치게 몰두하지 않도록 하자.

스토아 철학과 공통점이 많은 도가의 대표적 경전인 《도덕경》에서는 "지혜는 차가운 달빛과 같다"라고 한다.[4] 반면 열정은 모든 것을 불사르는 태양과도 같다. 지나친 열정을 통제하고 절제하는 태도를 기르자. 그럴 때 내 안의 진정한 스토아적 내면의 힘이 드러난다.

076

"열정이 너무 과하게 타오를 땐
절제의 지혜로 식혀야 한다."

"열정이 너무 과하게 타오를 땐
절제의 지혜로 식혀야 한다."

077

❹ 아포리즘 필사하기

스토아 철학의 통찰이 깃든 문장을 직접 따라 써보며
저마다의 성찰을 정리할 수 있도록 안내합니다.

지금부터 스토아 철학의 핵심 주제에 따라 한 달 단위로 네다섯 편의 이야기를 소개할 것이다. 매주 하나씩 읽으면 일 년에 해당하는 52주를 모두 채우게 된다. 이 52개의 이야기를 통해 스토아 철학의 원칙을 어떻게 실제 삶에 적용할 수 있을지 실마리를 얻을 수 있을 것이다.

여기서 소개할 이야기들은 짧지만 핵심을 찌르는 것이고 인식과 생각, 행동을 되돌아보게 하고 이를 스토아적 세계관에 맞게 바꿀 수 있도록 영감을 주는 것들이다. 각 이야기가 내 삶에 어떤 의미로 다가오는지, 나는 어떻게 살아가야 할지 고민하며 52주를 보내면 어느새 삶이 더욱 단단해져 있음을 느낄 것이다.

January

1

월

"아침에 마지못해 일어난다면 이 점을 명심하라.
나는 인간으로서 할 일을 하기 위해 일어난다."

- 아우렐리우스[1]

용감하게 한 해를 시작하라

1

아주 먼 옛날 근동 지역에서 장미 정원을 가꾸는 한 남자가 있었다. 그의 장미는 아름답기로 유명했는데, 어느 날 큰 문제가 생겼다. 정원에 민들레가 뿌리를 내리면서 그의 소중한 장미를 몰아내려 했다. 그는 자신의 아름다운 정원에서 민들레를 없애버리기로 결심했다.

그런데 뜻밖의 일이 벌어졌다. 손자뻘쯤 되는 한 꼬마가 이제 막 꽃을 피우려는 민들레를 보더니 행복한 얼굴을 하며 감탄했다.

"오, 아저씨, 세상에서 이렇게 아름다운 태양 장미들은 처음 봐요!"

이 말을 듣고 남자는 민들레 쪽으로 고개를 돌렸다. 순간 민들레의 화려한 노란 빛깔이 그를 감동시켰다. 이날 이후로 그의 마음속에는 민들레에 대한 애정이 싹텄다. 그리고 노랗게 반짝이는 '태양 장미'에 둘러싸여 있을 때 정원의 장미들이 훨씬 더 멋지고 아름답게 자란다는 사실을 깨달았다.

"마음을 열고 받아들이는 것이 곧 용기다."

겨울은 내면을 다지는 시기다. 가족이나 친구들과 함께 긴장을 풀고 느긋하게 연말 연시를 보낸 뒤 다시 용기를 내어 새롭게 한 해를 맞이하라. 당신이 낸 용기는 당신 삶에 긍정적인 변화를 가져다주고 새출발을 할 수 있게 한다.

용기는 스토아 철학의 핵심 덕목이다. 용기는 희망과 떼려야 뗄 수 없는 관계에 있다. 희망이 있는 곳에 용기도 있다.

당신의 희망은 삶에서 일어나는 어떤 일에도 의미가 있다는 확신에서 나오는 희망이다. 그것의 의미를 바로 깨닫지 못하더라도 말이다.

새로운 것을 받아들이고 되풀이되는 행동에서 벗어나려는 스토아적 용기를 일상에서 발휘하자. 가령 매일같이 습관적으로 다니던 길을 벗어나 새로운 길을 찾아보자. 외출할 때 익숙한 길에서 벗어나 새로운 길로 가보는 것도 좋은 방법이다. 아니면 활동량이 떨어지는 겨울철인 만큼 그동안의 식습관을 되돌아보고 보다 좋은 방향으로 조절해보자. 직업과 관련해서도 용기를 낼 수 있다. 독립성을 가질 수 있도록, 스토아적 자립을 돕는 새로운 목표에 도전해

보는 것은 어떨까.

용기를 내야 하는 일과 마주할 때는 여유를 잊지 말고 침착한 태도를 유지하자. 아울러 계절적 요인이나 자연환경의 영향도 충분히 고려하자. 고대 스토아 철학자들도 자연과 더불어 조화롭게 살아갔다.

“마음을 열고 받아들이는 것이 곧 용기다.”

“마음을 열고 받아들이는 것이 곧 용기다.”

말하기 전에 한 번 더 생각하라

2

고대 그리스의 현자 소크라테스는 삶에 불필요하고 중요치 않은 것들, 그리고 거짓된 것들로부터 때묻지 않은 내면을 유지하는 것으로 유명했다.

어느 날 한 젊은이가 소크라테스에게 달려와 숨넘어가듯 외쳤다.

"소크라테스 선생님! 들어보세요! 대단한 소식이 있습니다. 제 이야기를 들어보세요. 선생님 친구분이…"

소크라테스는 젊은이의 말을 가로막았다.

"여보게, 잠시만 기다려보게나. 내게 전할 이야기가 있나 본데, 자네는 현자라면 능히 알고 있을 세 가지 절제의 체에 그것을 걸러주었나?"

깜짝 놀란 젊은이는 당황해 소크라테스에게 되물었다.

"소크라테스 선생님, 세 가지 절제의 체라니 무슨 소리입니까? 금시초문입니다."

그러자 소크라테스가 이렇게 답했다.

"무슨 말이든 꺼내기 전에 일단 그 세 가지 체를 통과해야 한다네. 자네가 전하려는 소식도 절제의 체를 통과할 수 있을지 살펴보세."

궁금해진 젊은이는 이어지는 설명에 귀를 기울였다.

"첫 번째 체는 진리의 체라고 한다네. 자네가 말하고자 하는 것이 진리인지 검토해야 한다는 뜻이지. 그렇게 했나?"

여전히 흥분이 가라앉지 않은 젊은이가 대답했다.

"아닙니다. 하지만 소크라테스 선생님, 누가 그렇게 이야기하는 걸 듣고 그걸 그대로 믿어서…."

현자 소크라테스는 다시 젊은이의 말을 가로막았다.

"알겠네. 이제 두 번째 체를 사용할 차례라네. 자네가 전하려던 이야기를 두 번째 체에는 걸러봤겠지?"

"그게 무슨 체인가요?"

젊은이가 되물었다.

"선이라는 체라네. 그것으로 모든 걸 검토해야 한다네. 자네가 전하려던 것이 진리가 아니라면 좋은 내용인가?"

그러자 젊은이가 실토했다.

"오, 소크라테스여… 좋은 내용도 아닙니다."

소크라테스는 젊은이를 보고 웃으며 말을 이었다.

"그렇군. 이제 모든 이야기가 거쳐야 할 세 번째이자 마지막 체가 있다네. 바로 꼭 필요한 것만을 남기는 체라네. 아직도 자네를 흥분시키는 그 이야기를 내가 들어야 할 필요가 있는가?"

이에 젊은이가 대답했다.

"글쎄요, 꼭 그러실 필요는 없는 내용입니다."

소크라테스가 대꾸했다.

"그거 보게나. 자네가 전하려는 소식이 진리에 맞지 않는 데다 좋은 것도, 내가 꼭 들을 필요가 있는 것도 아니지 않은가? 절제의 체에 걸러 보니 더는 그 일로 내가 신경 쓰며 골치를 앓을 필요가 없을 것 같네."

"절제는 지혜로 이끄는 자석과 같다."

1월 둘째 주는 절제에 대해 생각해보자.

지난주, 일상에서 용기의 덕목을 실천하는 과정에서 자칫하면 절제할 수 없을지도 모른다는 위험성을 감지했을지도 모르겠다. 그렇다면 스토아 철학을 실천하는 사람답게 생각한 것이다. 절제하는 삶은 소비사회를 사는 현대인들에게 결코 쉽지 않은 일이다.

일상에서 마주하는 소비의 유혹은 너무나 강렬해 그것을 이겨내기란 결코 쉬운 일이 아니다. 그러다 결국 과소비에 빠지게 되는

데, 금전적인 측면은 물론 정신적으로도 그렇다. 그렇게 우리는 주변 환경이 자기 생각과 행동을 지배하도록 내버려둔다. 우리는 이런 환경과 상황에 맞서야 한다. 그러려면 용기를 내는 한편 절제해야 할 필요가 있다.

매일매일 특정 제품 없이 지낼 수 있는 습관을 들이고 쇼핑을 줄이자. 언어와 표현에 주의를 기울이는 것도 의식적으로 절제에 나서는 또 다른 방법이다. 말하기 전에 미리 심사숙고하는 연습을 하자. 절제는 평정심의 핵심 요소이기 때문이다. 다시 말해 어떤 일을 할 때 요란하지 않고 '차분하게' 하자는 뜻이다.

스토아주의자란 공동체에 도움을 주고자 하지만 거기서 물질적 이득을 취할 의도가 없는 사람을 뜻한다. 매일 어떤 일을 하면서도 반대급부를 기대하지 않는 습관을 들이자. 그렇게 우리는 현대 소비사회가 짜놓은 보상 체계의 유혹에서 벗어나 절제하는 일상을 꾸려나갈 수 있을 것이다.

“절제는 지혜로 이끄는 자석과 같다.”

“절제는 지혜로 이끄는 자석과 같다.”

정의라는 인생의 저울을 무시하지 말라

3

중국에서 전해오는 고사 한 편이 있다.

몹시 가난한 시골 마을에 한 농부가 살고 있었다. 그에게는 밭을 갈 때나 무거운 짐을 나를 때 부릴 수 있는 말 한 마리가 있어서 그 가난한 마을에서 부자로 여겨졌다. 그러던 어느 날 말이 도망치는 일이 벌어졌다. 그러자 이웃들은 농부의 기구한 팔자를 안타까워했다. 하지만 농부는 그 반응에 동요하지 않으며 이렇게 말할 뿐이었다. "그런 일도 있는 것이지요."

며칠 뒤 도망갔던 말이 제 발로 돌아왔다. 녀석과 함께 멋진 야생마 두 마리도 따라왔다. 이를 본 이웃들은 한껏 기뻐했지만, 농부는 이렇게 말할 뿐이었다. "그런 일도 있는 것이지요."

다음 날 아침, 농부의 아들이 야생마 중 한 마리를 길들이기로 했다. 그런데 말에 올라타자마자 곧장 내동댕이쳐지면서 팔다리가 부러졌다. 이웃들은 안타까워하며 농부를 위로했다. 하지만 농부의 대답은 똑같았다. "그런 일도 있는 것이지요."

일주일 뒤, 군대 지휘관들이 젊은 장정들을 데려가려고 마을을 찾았다. 이웃 제후국과 전쟁이 벌어졌기 때문이다. 그런데 농부의 아들이 다친 것을 확인하더니 데려가지 않았다. 이웃들은 농부에게 얼마나 큰 행운이냐며 기뻐했다. 그러자 농부가 대답했다. "그런 일도 있는 것이지요."

"공정한 대우를 받으려 시간을 허비하지 말고, 공정한 사람이 되어라."

스토아주의자에게 정의란 로고스가 주는 자연스러운 선물이다.

로고스는 정의롭게 활동한다. 당신이 스토아 원칙들을 충실히 따르고, 스토아 철학이 '이 아래', 즉 우리가 사는 물리적 세계에서 스토아 철학자들의 사유의 결과로 탄생했다는 사실을 늘 염두에 둔다면, 정의가 살아가는 데 있어 소중한 자산이라는 점이 분명해질 것이다.

불공평한 대우를 받고 있다고 느끼는 이들이 많다. 이는 삶에서 그 어떤 일도 이유 없이 벌어지지 않는다는 점을 이해하지 못하거나, 사회가 그렇게 가르치지 않았기 때문이다. 자신이 불공평한

취급을 받는다고 여기는 자는 정의의 저울을 무시하고 있는 것과 다름없다.

불공평하다는 감정은 또 다른 부정적인 감정을 낳는다. 예를 들어 그렇게 생긴 복수심 같은 감정은 당신을 스토아 철학의 원칙을 지키는 삶에서 멀어지게 만들 것이다. 스토아주의자들이 거부하거나 극복하려고 하는 감정 중 하나인 질투와 시기의 감정도 누군가 남들로부터 부당한 대우를 받는다고 느낄 때 생기는 것이다.

이런 감정의 당사자는 사회 규범이나 법률, 일반적으로 승인된 규칙 등을 기준으로 내세운다. 하지만 모두 스토아 철학에는 어울리지 않는다. 정의를 깨닫게 하는 능력을 포함해 모든 인식의 힘은 외부의 것들이 아닌 내면에서 나오기 때문이다.

"공정한 대우를 받으려
시간을 허비하지 말고,
공정한 사람이 되어라."

"공정한 대우를 받으려
시간을 허비하지 말고,
공정한 사람이 되어라."

나 자신을 아는 것이 모든 지혜의 뿌리다

4

쉴 곳을 찾던 어느 나그네가 산속 오두막에 도착했다. 오두막의 노파는 나그네에게 음식을 대접했다. 잠시 후 나그네의 눈에 귀중해 보이는 보석 하나가 들어왔다. 그는 이내 값비싼 접시에 놓여 있던 보석이 다이아몬드임을 알아챘다.

이를 눈치챈 노파는 점점 탐욕스럽게 변해가는 나그네의 모습을 가만히 지켜보았다. 그리고 이렇게 말했다.

"이 다이아몬드가 마음에 드는 모양이구려. 그냥 드릴 테니 가져가시구려."

나그네는 깜짝 놀라 물었다.

"이것이 진귀한 보석이라는 건 잘 알고 계시겠지요? 이 보석만 가져도 부자가 된다는 것을요."

노파가 대답했다.

"그럼요, 알다마다요."

나그네는 다이아몬드를 챙겨 재빨리 오두막을 떠났다. 노파의 마음이 바뀔까 봐 걱정되었기 때문이다. 그런데 며칠 지나지 않아 나그네가 다시 노파의 오두막을 찾았다. 안으로 들어오기가 무섭게 그는 노파에게 다이아몬드를 돌려주었다. 그리고 말했다.

"받으세요. 그리고 이보다 훨씬 더 값진 것을 제게 주셨으면 합니다."

노파는 미소를 지으며 다정하게 말했다.

"보석은 돌려줘도 그만 안 돌려줘도 그만이오. 하지만 당신은 이미 이 보석보다 더 귀중한 것을 얻은 것 같소. 나는 무엇이 당신으로 하여금 보석을 돌려주게 했는지 그걸 알고 싶구려."

"본성상 감내할 수 없는 일은 하지 않는다."

1월의 끝을 장식하는 것은 스토아 철학의 네 번째 핵심 덕목인 지혜다. 많은 사람이 지혜를 돈으로 살 수 있거나 책 속에서 찾을 수 있다고 생각하지만, 그렇지 않다.

지혜는 바깥이 아닌 우리 내면에서 생긴다. 단순한 정보 습득과 앎이 다른 것처럼 말이다. 여기서 중요한 것은 모자이크처럼 펼쳐진 무수한 정보에서 앎에 이르기 위해 그 정보를 적절히 분별하여 내 삶에 맞는 형태로 받아들이는 정리 정돈의 원칙이다.

이는 스토아 철학에서 일찍이 확립한 원칙으로, 스토아 철학을 실천하려는 사람은 새로 원칙을 만들 필요 없이 이를 활용하기만 하면 된다. 말만으로는 그 누구도 현명하게 만들 수 없고, 기껏해야 지혜로운 방향으로 안내할 수 있을 뿐이다. 어떤 좋은 말이든 내 마음으로 이해하고 깨달아야만 진정한 앎이 된다. 이처럼 내면에 감응하는 능력을 갖춘 이는 삶에서 만나는 사소한 것에서도 지혜를 발견할 수 있다. 단, 스토아주의자라면 명심할 점이 있다. 자기가 세상에서 어떤 위치에 서 있는지를 알고 있는 사람은 지혜에 이르는 열쇠를 손에 쥔 셈이고, 열린 자세로 세상 만물에서 의미를 깨달을 수 있다.

지혜가 스토아 철학의 네 가지 핵심 덕목 중 가장 마지막에 있는 것은, 지혜가 앞선 덕목들의 결과라는 점과도 연결된다. 즉 용기, 절제, 정의는 우리를 깨달음과 지혜로 안내한다. 하지만 정상으로 가는 길은 깊은 골짜기를 거치게 마련이다. 그러니 마음을 모아 꾸준히 성찰하고 지혜를 일상의 주요 루틴으로 삼는다고 하더라도 지혜와 쉽게 만날 수 있는 것은 아님을 기억하자.

도저히 지혜를 발견하기 어려운 상황에서도 지혜는 존재할 수 있다. 여기서도 중요한 점은 자신에게 닥치는 일이 좋든 나쁘든 결국 삶의 목적을 달성하는 데 기여한다는 사실을 깨닫는 것이다. 스토아 철학에 따르면, 이러한 삶의 의미는 궁극적으로 사물에 대한 인식과 그 인식에서 얻는 지혜로부터 찾을 수 있다.

스토아 철학의 핵심 원칙 10가지를 마음 깊이 새기고 지혜롭게 행동하라. 그러면 행복해질 것이다. 로마의 스토아 철학자 세네카가 어느 편지에서 썼듯이 말이다.

"나는 누구도 지혜를 공부하지 않고서는 행복한 삶을, 아니면 적어도 견딜 만한 삶을 살 수가 없다는 것을 알고 있다."[2]

“본성상 감내할 수 없는 일은 하지 않는다.”

“본성상 감내할 수 없는 일은 하지 않는다.”

February

월

"너는 너의 정신을 통제할 권한이 있지만 바깥일에 대해서는 그렇지 못하다. 이를 깨달으면 기운이 날 것이다."

- 아우렐리우스[1]

인생의 항아리에 무엇부터 채울 것인가

1

어느 대학 강의실에서 있었던 일이다. 교수는 학생들에게 전할 메시지를 보여주고자 실험 하나를 준비했다. 탁자 위에는 빈 유리병과 속이 보이지 않는 작은 상자 세 개가 놓여 있었다. 학생들이 강의실에 모이자 교수는 실험을 시작했다. 첫 번째 상자를 연 교수는 골프공을 몇 개 꺼내더니 곧바로 유리병에 넣었다. 그리고 학생들에게 물었다. "이제 유리병이 가득 찼나요?" 학생들은 그렇다고 대답했다.

교수는 두 번째 상자를 열더니 알록달록한 초코볼을 몇 개 꺼낸 뒤 다시 유리병에 집어넣었다. 그러고서 유리병을 이리저리 흔들자 골프공 사이로 초코볼이 이리저리 굴러가는 모습이 보였다. 교수가 다시 물었다. "유리병이 꽉 차 있나요?" 학생들은 이번에도 그렇다고 말했다.

이제 세 번째 상자가 남았다. 교수는 상자를 열어 그 안에 담겨 있던 모래를 골프공과 초코볼이 든 잼 유리병에 넣었다. 그러자 예상했던 일이 벌어졌다. 모래는 병 속으로 들어가자마자 다른 물체 사이의 빈틈을 빠짐없이 채웠다. 교수는 다시 학생들에게 유리병이 가득 찬 상태인지 물었고, 이번에도 그렇다는 답이 돌아왔다.

그 순간 교수는 가방에서 캔 맥주 두 개를 꺼내더니 유리병에 맥주를 쏟아부었다. 그러자 모래 틈에 있던 마지막 빈자리가 모두 채워졌다. 강의실에서 한바탕 웃음소리가 터져 나왔다. 교수는 학생들에게 말했다.

"이 유리병이 여러분의 인생이라고 상상해보세요."

학생들이 놀라는 동안 교수는 말을 이어갔다.

"골프공은 가족, 부모, 친구, 자녀 등 인생에서 중요한 것들을 상징합니다. 알록달록한 초코볼은 직장, 집, 자동차를, 모래는 우리 삶에서 만나는 온갖 소소한 것을 상징하지요. 중요한 것은 무엇을 가장 먼저 유리병에 넣는가입니다. 모래를 먼저 넣어버리면 초코볼이나 골프공이 들어갈 자리가 없을 겁니다. 이제 여러분에게는 이 원리를 자기 삶에 비추어 올바른 결론을 내려야 하는 중요한 과제가 주어졌습니다."

그러자 학생 한 명이 손을 들어 질문했다.

"그런데 맥주가 뜻하는 건 뭔가요?"

교수는 살짝 미소짓더니 이렇게 답했다.

"맥주는 꽉 차 보이는 삶일지라도 뭔가를 즐길 만한 여유가 없다는 것은 아니라는 사실을 보여주려는 거였어요."

"깨어 있음은 삶의 의미가 저절로 채워지는 항아리와 같다."

내면의 평정심은 삶의 든든한 버팀목이 된다. 사람은 정신적으로 안정된 자신을 의식할 때 자신감 있게 행동할 수 있다.

그런데 스토아적 의미에서의 올바른 행동은 늘 지금 이 순간에 깨어 있는 상태로 행동하는 것을 의미한다. 그러므로 중요한 것은 삶에서 나에게 주어진 과제가 무엇인지 잘 생각해보는 것이다. 아니, 자기 자신에게 어떤 과제를 부여했는지라고 말하는 편이 정확할지 모른다. 사람들은 대부분 매일 하는 수많은 일이 자신이 내린 결정에서 비롯되었음을 알아차리지 못한다. 그런데 스스로 내렸다고 여겨지는 이 결정은 대부분 미디어나 광고에 의한 조작의 결과이며, 사람들은 어떤 의심도 없이 받아들인다.

이런 결정이 만든 불필요한 일들, 당신을 멈춰 세우거나 곁길로 벗어나게 하는 것에서 벗어나 삶을 '깔끔하게' 하고 싶은가? 여기에는 인간관계를 정리하는 일도 포함된다. 물론 직업상 어쩔 수 없거나 주변에 도움을 주어야 할 사람이 있는 경우라면 그런 정리 대상에서 예외로 두자. 중요한 건 나 자신을 어떤 일이나 사람에 묶

어두는 의존 관계를 줄이는 것이다. 그것은 친구와의 만남일 수도 있고, 지금 계획 중이지만 경제적으로 부담스러운 여행일 수도 있다. 아울러 물질의 유혹에 굴복하지 않도록 주의하자. '지금 이걸 사서 갖는 게 꼭 필요한 일일까' 하고 내 안의 욕구에 질문을 던져 보자. 세네카는 "적게 가진 자가 아니라 더 많은 것을 요구하는 자가 가난한 자"[2]라고 말했다.

"깨어 있음은
삶의 의미가 저절로 채워지는
항아리와 같다."

"깨어 있음은
삶의 의미가 저절로 채워지는
항아리와 같다."

더 빨리 얻으려는 태도는 반드시 대가를 치른다

2

한 마부가 마차를 몰고 인근 도시로 향하고 있었다. 짐을 가득 실은 마차는 빠르게 달리고 있었다. 그런데도 마부는 길에서 만난 나그네에게 물었다.

"날이 어두워지기 전에 도시에 도착할 수 있겠소?" 나그네가 대답했다.

"물론이지요. 그런데 너무 속도를 내지는 마세요."

마부는 그런 말을 하는 나그네를 보며 정신이 이상한 사람이 아닌가 생각했다. 마부는 말이 더 빨리 달리도록 채찍을 휘둘렀다.

마차는 울퉁불퉁한 길을 덜컹거리며 달렸고, 결국 일이 벌어지고 말았다. 바퀴 하나가 부서지면서 전속력으로 달리던 마차가 뒤집힌 것이다. 그렇게 짐들도 모두 길 위에 쏟아져 나뒹굴었다.

좀 전에 만난 나그네가 뒤집힌 마차가 있는 곳에 도착하기까지는 그리 오랜 시간이 걸리지 않았다. 나그네가 마부에게 말했다. "내가 뭐라 했소? 너무 속도를 내지 말라고 말했잖소. 내 비록 걸어 가지만 당신보다 먼저 도시에 도착할 거요. 당신이 도착할 때쯤엔 성문도 닫혀 있을 거요."

"내면이 성숙한 자는 우뚝 솟은 산의 깊은 골짜기와 같다."

내면의 성장은 곧 영혼의 성장을 의미한다. 내적으로 성장하면 아타락시아, 즉 마음의 평정에서 나오는 힘을 얻는다. 영혼의 평안이야말로 모든 스토아주의자의 중심에 놓인 덕목이다. 내면이 성장하는 사람은 외부적인 것, 물질적인 것을 넘어서 성장한다.

내면의 성장은 일상에서 무엇을 의미할까? 눈에 보이는 성과를 누구보다 더 빨리 획득하기를 요구하는 외적인 강제로부터 자유로운 태도, 그런 행동을 의미한다.

오늘날 빠르고 급하게 굴러가는 사회 곳곳에서 거대한 비용을 치르고 있다. 낭비가 벌어지지 않는 곳이 없다. 물질적 효능감에 길들여진 사람들은 이 같은 추세에 기꺼이 동조한다. 더 많은 물질과 소비를 추구하는 사고방식은 계속해서 더 큰 비용을 초래한다.

많은 사람들이 SNS에 몰입하며 미디어 소비에 시달리고 있다. 만족감, 행복, 자유로운 사고 같은 것들이 과한 미디어 소비에 대한 비용으로 빠져나간다. 그리고 그렇게 지혜에서 점점 멀어진다. 지금 물질적 소비에 지출하는 비용의 목록을 만들고, 그중 무엇을 절약할 수 있는지 생각해보라. 그다음으로 비물질적인 지출을 살펴보자. 마찬가지로 내가 원하는 무언가를 위해 어느 정도로 에너지를 쏟고 있는지 목록을 만들자. 소비하는 정신적 에너지의 양이 상당하다는 사실을 확인할 수 있을 것이다. 반면 나날이 지불하는 비용 대비 효과는 미미할 뿐이다. 따라서 비용이 많이 드는 일을 하지 않는 것, 적어도 불필요한 지출을 최소한으로 줄이는 것은 무형의 강박으로부터 자유로워지는 것을 뜻하기도 한다.

"내면이 성숙한 자는 우뚝 솟은 산의 깊은 골짜기와 같다."

"내면이 성숙한 자는 우뚝 솟은 산의 깊은 골짜기와 같다."

황금에 매료될수록 우리는 노예가 된다

한 호텔 주인이 친구를 찾아와 하소연했다.

"아이고, 큰길이 새로 들어서는 바람에 난 이제 망하게 됐어."

친구가 되물었다.

"뭐? 그게 무슨 소리야? 매일 저녁 자네 호텔 앞에는 '만실'이라는 표지판이 걸려 있지 않나?"

호텔 주인이 대답했다.

"그건 그래. 하지만 새로 큰길이 들어서기 전만 해도 방들이 꽉꽉 차서 매일 50명이나 되돌려 보내야 했거든. 그런데 이제는 고작 30명만 돌려보내야 한다네."

"태양의 금속인 황금은 외부로만 시선을 돌리는 자들의 눈을 멀게 한다."

최악의 노예는 자기가 노예임을 알아채지 못하는 노예다. 가난한 사람이든 부자든 이런 노예 같은 사람은 셀 수 없이 많다. 세네카는 이런 말을 한 바 있다. "대리석과 황금 속에 노예와 같은 삶이 들어 있다."[3]

물론 사회적 통념은 세네카의 말과 다르다. 돈을 가진 사람은 자유로우며 돈을 더 많이 가질수록 남들보다 더 큰 자유를 누린다고 말한다. 하지만 이것이 궤변임을 깨닫는 사람들이 늘고 있다. 일상에서 스토아 철학을 실천할 때 중요한 것은 금전과 부의 대가가 실제로 무엇인지 분명히 깨닫는 일이다. 우리 사회는 부의 아이콘들을 숭배한다. 하지만 자세히 들여다보라! 이 아이콘이 물질적 궁핍에 구애받지 않는 대신 얼마나 많은 것을 포기해야 하는지를.

스토아 철학이 가르치는 것은 아무리 사회적 이득이 크더라도 물질에 의존할수록 스토아적 의미에서의 행복한 삶과는 점점 멀어진다는 사실이다. 결국 그런 삶에서는 한 걸음씩 내디딜 때마다 정반대의 길로 나아가게 된다.

그런데 부를 쌓는 데에 여념이 없는 이들이 빠지는 또 다른 함정이 있다. 이런 사람은 물질적으로 풍요로운 지금 자신의 자리를 유지하고 기존의 역할에 충실하기 위해서 더 이상 자기 생각을 분명히 말할 용기를 내지 못한다. 스스로를 기만하는 것이다. 이렇게 해서 부와 성공, 권력과 이익을 통해서만 자기 자신을 정당화하는 악순환에 빠진다. 그렇다면 이 같은 물질적 또는 정신적 감옥에 갇

히지 않으려면 어떻게 해야 할까? 거기서 벗어나는 정반대의 길을 선택해야 한다. 그것은 재산이나 권력 같은 사회가 말하는 가치에 제약받지 않는 삶이고, 그것이 진정한 자유로 가는 길이다.

"태양의 금속인 황금은
외부로만 시선을 돌리는 자들의
눈을 멀게 한다."

"태양의 금속인 황금은
외부로만 시선을 돌리는 자들의
눈을 멀게 한다."

내가 나를 잘 알고 있다는 착각을 버려라

한 농부가 있었다. 어느 날, 급하게 쓸 일이 있어 온종일 도끼를 찾아다녔지만, 결국 도끼를 찾지 못한 농부는 머리끝까지 화가 났다. 마침 자주 다툼을 벌였던 이웃집 농부의 아들 녀석이 생각났다. 농부는 불현듯 그 집 아들이 도끼를 훔쳤을지도 모른다는 의심이 들었다.

농부는 곧바로 이웃집 아들을 몰래 감시하기 시작했다. 몇 주 동안 지켜본 결과 자신의 의심이 옳다는 확신이 들었다. 이웃집 아들의 일거수일투족이 도끼질처럼 보였다. 그의 걸음걸이, 말, 행동거지, 모든 것에서 나무를 쓰러뜨리는 도끼가 떠올랐다.

그런데 다음 날 아침에 농부는 잃어버린 도끼를 발견했다. 장작더미 아래에 놓여 있었다. 도끼를 되찾은 농부는 기뻐했다.

다음 날 아침, 농부는 이웃집 아들을 다시 보았다. 그는 어제와 달라져 있었다. 어떤 행동도 더는 도끼를 떠올리게 하지 않았다. 걸음걸이, 말, 행동거지, 그 어느 것도 말이다.

"자기 자신을 과신할수록 스스로에게 속게 된다."

역사상 현대인만큼 계몽된 인류가 또 있을까? 언제 어디서든 다양한 커뮤니케이션 수단을 활용하고 온라인 도서관 같은 지식의 보고에도 손쉽게 접근할 수 있다. 이런 마당에 인간의 정신이 은밀하게 자기기만에 지배당하고 있다고 어느 누가 상상이나 할까?

당신을 속이는 것은 누구인가? 당신의 가장 큰 적, 바로 당신의 에고, '나'라는 정체성이다. 에픽테토스는 이렇게 지적했다. "사람은 이미 알고 있다고 생각하는 것을 배울 수 없다."[4]

스토아주의자는 통합적 인식과 지혜 획득을 목표로 삼는다. 스토아주의자이기도 한 독일의 영성 작가 에크하르트 톨레Eckart Tolle는 "에고ego와 의식은 서로 공존할 수 없다"고 말한다(톨레에 따르면 인간 자체는 영원한 의식의 현현이다 – 옮긴이).[5] 에고(자아)는 자기 중심적이다. 에고는 자기와 다른 것을 모두 배제하거나 자신의 틀에 들어맞는 것만 허용한다. 말하자면 "나는 여기에 있고 너는 저기에 있다"라는 식이다. 우리가 외로워지고 고립되는 배경에는 에고가 있다. 그러나 에고에 사로잡힌 자는 충만한 삶 속에 있으면서도 이 사실을 알아채지 못한다.

에고이스트는 의식이 깨어 있다고 착각한다. 이러한 자기기만은 자신에 대한 치명적인 오판으로 이어진다. 자기의 실제 모습과 가능성으로부터 멀어지게 하고 독선, 과대망상, 반사회적 인격장애, 권력욕 등에서 나타나듯 자신을 과대평가하게 한다.

“자기 자신을 과신할수록 스스로에게 속게 된다.”

“자기 자신을 과신할수록 스스로에게 속게 된다.”

March

월

"자기를 통제하는 일이야말로 가장 큰 통제다."

- 세네카[1]

불사르는 열정보다 차가운 지혜가 낫다

나이 지긋한 어느 수도승이 하루는 도가의 스승을 찾아가 근심 어린 목소리로 고민을 털어놓았다.

"저는 평생 위대한 현자들의 영적 가르침을 배우고 깨치고자 힘써왔습니다. 이를 위해 제가 알던 즐거움은 모조리 포기했습니다. 갖은 수단을 동원해 욕구와 욕망에 맞서 싸웠습니다. 오랫동안 금식하며 금욕의 원칙을 따랐습니다. 하루도 빠짐없이 수도승의 규율을 지켜가며 고행을 견뎌냈습니다. 수도의 길에서 벗어나지 않고자 할 수 있는 모든 일을 다 했습니다. 이 세월 동안 이루 말할 수 없는 고통을 겪었지만 결국 깨달음에 이를 수 없었습니다. 이제는 삶을 포기하다시피 했고 삶에서 어떤 즐거움도 느낄 수 없고 애써 뭔가를 하지도 않습니다. 예전에 중요하게 생각했던 것들도 모두 놓아버렸습니다. 한마디로 자포자기 상태입니다. 이제 어떻게 해야 합니까? 눈앞이 캄캄합니다."

그러자 스승은 이렇게 대답했다.

"괴로워하는 일을 멈추시오!"

"열정이 너무 과하게 타오를 땐 절제의 지혜로 식혀야 한다."

불교의 가르침 중 스토아주의자가 귀담아들을 만한 것으로 "길은 하늘에 있지 않다"[2]라는 말이 있다. 이루고자 하는 목표로 나아가는 길은 자기 자신에게 있다는 뜻이다. 이와 같은 운명의 길에서 다양한 열정과 마주하게 되는 사람들에게 세네카는 "쾌락, 불쾌, 욕망, 공포 같은 정념과 열정도 극복되어야 한다"[3]고 했다.

누구나 자신이 품은 열정이야말로 정당하고 옳은 것이라고 믿는다. 그런데 그 열정은 어디에서, 누구로부터 비롯된 것인가? 사람들은 흔히 외부의 영향을 받아 열정에 불을 지필 때가 많다. 그렇게 깊이 고민해보지 않고 열정에 빠지는 순간 자제력을 잃기 쉽다. 요리에 열정을 불태우고 있다면 과식의 위험을 경계해야 한다. 운동에 열정을 쏟다가 자칫하면 운동중독으로 도리어 건강을 해칠 수 있다.

스토아 철학의 관점에서 열정은 이성, 즉 로고스에서 비롯된 것이 아니라 욕망, 쾌감, 불쾌 또는 두려움 같은 낮은 차원의 정념에 속한 것이다. 따라서 열정을 다스리기 위한 일상의 루틴을 짤 때는 절제를 목표로 삼아야 한다. 예를 들어 음식을 먹을 때는 되도록 소식하는 버릇을 들이자. 열정적인 게임광이라면 느긋함을 연습하고 지나치게 몰두하지 않도록 하자.

스토아 철학과 공통점이 많은 도가의 대표적 경전인《도덕경》에서는 "지혜는 차가운 달빛과 같다"라고 한다.[4] 반면 열정은 모든 것을 불사르는 태양과도 같다. 지나친 열정을 통제하고 절제하는 태도를 기르자. 그럴 때 내 안의 진정한 스토아적 내면의 힘이 드러난다.

“열정이 너무 과하게 타오를 땐 절제의 지혜로 식혀야 한다.”

“열정이 너무 과하게 타오를 땐 절제의 지혜로 식혀야 한다.”

화려한 만찬에서도 최소한의 것만 바라라

2

갈매기 니나는 큰 물고기 한 마리를 낚아채 하늘 높이 날아올랐다. 이를 본 다른 갈매기들이 니나를 쫓아가 맛있는 먹잇감을 가로채기로 했다.

갈매기들은 물고기를 물고 있던 니나를 집요하게 공격했다. 날카로운 부리로 무자비하게 쪼아대자 결국 니나가 물고기를 놓아주었다. 그러자 뒤따라온 갈매기들이 공중에서 떨어지는 물고기를 향해 돌진했다. 이어 바다에서 사냥한 맛있는 먹잇감을 두고 처절한 싸움이 벌어졌다.

갈매기들이 다투는 동안 니나는 높이 높이 훨훨 날아올랐다. 그리고 조용히 바람에 몸을 맡기고는 하늘 위의 평화를 즐겼다.

"우리는 더 많이 얻기 위해서가 아니라 행복해지기 위해 산다."

에픽테토스는 인생을 연회에 참석한 사람들로 비유한 바 있다.[5] '연회'라는 상징이 의미하는 바는 무엇일까? 이에 대한 대답이 당신을 일상의 새로운 습관으로 안내할 것이다.

어느 성대한 연회에 초대받았다고 상상해보자. 당신은 먹음직스러운 음식을 접시에 가득 담아 자리에 앉을 수 있다. 당신은 다른 사람들이 탐욕스럽게 음식을 집으며 접시를 가득 채우는 광경을 목격한다. 그들은 접시를 겹겹이 쌓아놓은 채 배탈이 날 정도로 과식한다. 먼저 먹겠다고 다른 사람이 잡으려던 음식을 낚아채는 광경도 보인다.

비슷한 장면을 일상에서도 흔히 볼 수 있다. 상점 진열대는 상품들로 꽉꽉 채워져 있고 부족한 물건은 없어 보인다. 다들 아무 문제 없이 살 수 있는데도 사람들은 서로를 힘들게 한다. 누구보다 먼저, 더 많이 사겠다고 아우성이다. 사람들의 얼굴을 들여다보면 스트레스로 잔뜩 찌푸린 표정이다. 바쁘고 불만스럽고 의기소침해 있다. 삶이라는 연회에 참석했지만 만족하지 못하고 행복을 느끼지 못한다. 늘 더 많은 것을 바라고 그 바람은 그칠 줄 모른다. 매사가 불만족스럽고 미심쩍은 눈으로 서로를 대한다.

이제 당신이 음식을 가져올 수 있다. 어떻게 할 것인가? 손님으로서 받는 대접 중에서 최소한만을 기대하라. 차례가 올 때까지 기다려라. 그리고 허기를 달래는 데 필요한 양만 가져오라. 욕심낼 필요가 없다. 그저 한 입 한 입 음미하며 감사함을 느끼자.

연회가 끝나고 모두 돌아가면 이제 이타심을 훈련할 차례다. 스토아 철학에서는 공동체가 잘 유지되고 사회가 제대로 돌아갈 수 있도록 이바지하는 것이 중요하기 때문이다. 그러니 초대한 주인을 도와 함께 뒷정리를 하자. 이 세상을 함께 살아가는 이들에게 도움 되는 일들을 행하자. 무엇보다 자신에게 주어진 것에 감사하는 마음을 갖자.

**"우리는 더 많이 얻기 위해서가 아니라
행복해지기 위해 산다."**

"우리는 더 많이 얻기 위해서가 아니라
행복해지기 위해 산다."

무엇을 바라지 않고도 모든 것을 가진다

3

힘든 하루를 보낸 어느 나그네가 날이 저물자 쉴 곳을 찾아 나섰다. 그때 마디마디가 툭 튀어나온 고목 한 그루가 눈에 띄었다. 마침 나무 밑에는 편하게 앉을 만한 자리가 있었다. 나그네는 그곳에서 쉬며 지친 몸을 달래기로 했다.

고목 아래에 앉아 그는 생각했다. '시원한 물을 마실 수 있다면 얼마나 좋을까.' 이런 생각을 하기 무섭게 맑은 샘물이 가득한 유리병이 눈앞에 나타났다. 나그네는 어찌 된 영문인지 몰라 놀랄 뿐이었다. 물을 마신 나그네는 이어서 이런 생각을 했다. '아, 제대로 된 밥 한 끼를 먹을 수 있다면 얼마나 좋을까.' 순간 그의 눈앞에 값비싼 식기에 산해진미가 가득 차려진 상이 펼쳐졌다. 풍성한 음식상을 바라보며 나그네는 생각했다. '편히 앉을 수 있는 의자가 있다면 얼마나 좋을까.' 이 소원도 뚝딱 이루어졌다. 잠시 후에는 나무 아래에서 감미로운 음악이 울려 퍼지고, 숲속이 온통 수많은 초가 달린 샹들리에의 아른거리는 불빛으로 환히 밝혀졌다.

나그네는 그렇게 푹 쉬면서 잘 먹고 잘 마신 덕에 다시 기운을 차렸다. 그러면서 이런 생각을 했다. '편히 잘 침대가 있다면 얼마나 좋을까.' 이 생각을 하자마자 푹신한 침대가 눈앞에 나타났다. 침대에 누운 그는 잠들기 직전 문득 머릿속에 이런 생각을 떠올렸다. '아, 지금 맹수가 나타나면…'

"바라는 게 적을수록 부족함도 줄어든다."

세상은 온갖 유혹으로 가득 차 있다. 우리를 유혹하는 것이 어디에서나 기다리고 있다. 사람들은 결과를 생각하지 않은 채 유혹에 몸을 내맡긴다. 마치 어쩔 수 없는 자연법칙인 양 순순히 유혹을 받아들인다. 이런 유혹의 이면에는 과도한 기대나 욕망이 자리하고 있다.[6]

분주한 일상으로부터 벗어나기 위한 여행의 유혹에 빠지는 사람이 많다. 그러나 설렘을 느끼는 것도 잠시뿐, 여행에서 돌아와 일상에 복귀할 때쯤이면 다시 불만에 찬 기분으로 돌아간다. 쇼핑을 하거나 집 앞 편의점을 갈 때도, 혹은 세계 일주 여행을 떠날 때도 우리는 늘 과도한 기대나 희망, 문제와 걱정거리, 실망까지도 안고 간다. 많은 사람이 아름다운 휴양지에 가서 제대로 풍경을 즐기지 못하는 것도 이 때문이다. 에픽테토스는《대화록》에서 이렇게 말했다. "우리 마음이 향하는 곳에 걱정거리가 있다."[7]

무언가를 바랄 때마다 그만큼 실망할 위험도 따른다. 간절히 원할수록 갖지 못했을 때 느끼는 실망감도 커지는 법이다. 살아오면서 이런 경험을 하지 않은 사람은 없을 것이다.

과한 기대와 바람을 품고 사는 사람은 인생의 값진 시간을 허비하며 내면의 공허함만 키운다. 뿐만 아니라 좌절감에서 온 정념으로 자기도 모르는 사이에 잘못된 길로 빠질 수 있다. 그리스의 유명한 철학자 디오게네스가 남긴 말을 되새겨보자.

"어떤 것도 바라지 않는 것은 신들의 특권이고, 적게 바라는 것은 신과 닮은 인간의 특권이다."[8]

"바라는 게 적을수록 부족함도 줄어든다."

"바라는 게 적을수록
부족함도 줄어든다."

인생의 모든 폭풍은 내 안에서 비롯된 것이다

4

어느 마을에 쉽게 흥분하고 툭하면 화를 내는 다혈질 청년이 살고 있었다. 그런 아들을 지켜보던 아버지가 하루는 못이 가득 든 상자와 망치 한 자루를 청년의 손에 쥐여주었다. 그리고 나무 울타리로 데려가더니 이렇게 말했다.

"화가 나서 고함을 지를 때마다 이 나무 울타리에 못을 하나씩 박거라."

영문을 몰랐던 청년은 그러기로 했다. 다음 날 저녁, 청년은 이미 스무 개나 되는 못을 울타리에 박았다. 그리고 청년은 쉴 새 없이 화를 내는 것보다 울타리에 망치로 못을 박는 게 훨씬 편하다는 걸 깨달았다. 날이 갈수록 울타리에 박히는 못의 숫자는 줄어들었다.

얼마 지나지 않아 화내는 걸 멈춘 청년은 아버지를 찾아가 자랑스럽게 이 사실을 알렸다. 아버지는 다시 아들과 울타리가 있는 곳으로 가서 말했다.

"이제부터는 화를 내지 않는 날마다 울타리에서 못을 뽑아내거라."

또다시 며칠이 지났다. 청년은 이번에도 당당히 아버지를 찾아가 울타리의 못을 전부 다 뽑았다고 알렸다.

"잘했다. 이제는 울타리에 얼마나 많은 구멍이 뚫려 있는지 한번 보거라. 예전의 울타리가 아니란다."

당황한 청년에게 아버지는 이렇게 말을 이었다.

"홧김에 말을 하거나 행동에 나서기 전에 항상 울타리의 못과 그 구멍들을 먼저 생각하거라."

"미리 대비한 자는 뜻밖의 일에 놀라지 않는다."

에픽테토스는 "굳건히 고통을 감내하고 당신이 받는 인상에 현혹되지 않도록 하라"고 조언한 바 있다.[9] 이 같은 상황을 폭풍에 비유해 설명하면 좀 더 이해하기가 쉬울 것이다.

우리 삶에는 다양한 날씨가 등장한다. 화창한 날도 있지만 뿌리 깊은 아름드리나무조차 뿌리째 넘어갈 수 있는 태풍이 몰려오기도 한다. 사람들은 삶의 날씨에 큰 영향을 받는다. 삶에 폭풍이 불어닥칠 때를 생각해보자. 폭풍은 흔히 사람들이 제대로 다스리지 못하는 분노의 감정에 비유된다. 분노는 종종 끔찍한 결과를 낳곤 하는데, 이는 마치 나무가 뿌리째 뽑히는 상황에 비견될 수 있다. 폭풍이 지나가 폐허가 된 자리를 보며 왜 미리 대비하지 못했을까 후회하는 사례를 많이 봤을 것이다. 우리 삶도 똑같다. 벌컥 화를 내고 뒤돌아서서 후회한 적이 있는가? 화를 못 이겨 나중에 후회할 말을 얼마나 자주 내뱉었는가?

인생 최악의 날씨에 대처하는 법을 배우고 평정심을 습득한 스토아주의자라면 날씨가 어떻든 크게 신경 쓰지 않는다. 날씨가 그렇다는 것을 느낄 뿐 날씨는 살아가는 방식에 아무 영향도 끼치지 못한다.

인생의 길흉화복은 내 앞에 놓인 하나의 도전이라는 걸 깨닫고 받아들일 때, 비로소 그 여파에 휩쓸리지 않는다. 그리고 그럴 때 당신은 운명의 변덕을 스토아적 덕목을 닦는 과정에서 자기 향상을 위한 긍정적 에너지로 바꿀 수 있다.

인생의 굴곡에 의연하게 대처하는 데 거창하고 복잡한 계획이 필요 없다. 대단한 계획을 세우는 사람은 그 대가가 어떻든 오직 그 계획에만 매달리는 경향이 있다. 그러면 사물을 보는 눈도 흐려질 수 있다.

“미리 대비한 자는
뜻밖의 일에 놀라지 않는다.”

“미리 대비한 자는
뜻밖의 일에 놀라지 않는다.”

April

월

"사람들을 근심케 하는 것은 외부의 사물이 아니라
그에 대한 의견과 판단이다."

- 에픽테토스[1]

항상 의견을 가질 필요는 없다

1

고대 그리스에서 전해지는 이야기다.

하루는 혼자 떠돌아다니던 남자가 양들에게 풀을 먹이고 있는 양치기 노인을 만났다. 그 방랑객이 물었다.

"오늘 날씨가 어떨까요?"

그러자 양치기가 자신 있게 대답했다.

"날씨는 내가 원하는 대로 될 것이오."

이 말을 들은 남자가 당황해 되물었다.

"날씨가 당신이 원하는 대로 되리라고 어떻게 확신하나요?"

이에 양치기가 말했다.

"이보게, 젊은이. 지금까지 살면서 나는 내가 원했던 걸 얻은 적이 드물었다네. 그래서 삶이 주는 걸 받아들이는 법을 배워야 했지. 오늘 날씨가 내게 유익하리라는 점을 믿어 의심치 않는 것도 바로 그런 이유에서라네."

"잡다한 의견 속에서 길을 잃기보다 단순함 속에 머무르라."

오늘날 우리 사회는 사사건건 의견을 묻는 것이 유행처럼 되어버렸다. 이런 현상은 특히 SNS에서 심각하다. 매일 벌어지는 일들을 놓고 너도나도 성급하고 설익은, 오류투성이의 의견을 내놓는다. 일상의 사소한 일에도 그 즉시 필요 이상의 큰 의미를 부여하고 반응한다. 그 결과는 끔찍하다. 이런 의견들이 일반적인 견해로 굳어지면서 거짓과 사실의 경계가 점점 흐려진다. 여론 조작처럼 규모가 큰 심각한 사안도 따지고 보면 사소하게 시작된다.

아마 당신도 다음과 같은 상황이 낯설지 않을 것이다. 막 잠에서 깨어나 정신이 몽롱한 상태인데도 사방에서 질문이 쏟아진다. 친구나 가족이 제기했던 문제들이 앞다퉈 당신의 의견을 묻는다. 머리가 채 맑아지기도 전에 온갖 잡다한 일에 대해 생각하느라 정신이 없다. 게다가 대부분 당신과 직접적인 관련이 없는 문제다. 이런 상황에 대비해 우리는 판단 자체를 하지 않는 연습이 필요하다.

이는 생각보다 어려운 일이 아니다. 사적인 일이든 업무와 관련된 문제든 그 어떤 질문에도 항상 답할 필요는 없다. 여러 사람의 잡다한 질문에 곧바로 답하지 않는 것을 스토아 철학을 실천하는 당신만의 루틴으로 만들자. 이를테면 좀 더 생각해본다는 식으로 말해도 좋다. 판단을 요구하는 문제 중 대다수가 사실 일상 속에서 그다지 중요하지 않다는 것을 느끼게 될 것이다.

벌어지는 일에 관여하지 않고 관찰하는 법을 연습하라. 머릿속으로 거리를 두자. 인간을 불안하게 하는 것은 외부의 사물이나 상황이 아니라 그에 대한 왜곡된 판단이라는 것이 스토아 철학의 중요한 가르침이다.

예를 들어 텔레비전의 토크쇼를 보면서 의식적으로 출연자들의 발언에 대해 바로바로 자기 판단을 내리려고 하지 말자. 이렇게 정신을 훈련하면 대부분의 대화가 당신 삶에 별 의미를 갖지 못하고 그냥 흘러가고 있음을 깨닫게 될 것이다. 그리고 살면서 내딛는 발걸음 하나하나에 집중하고 침묵이야말로 영혼의 금이 될 때가 많다는 사실을 배우자.

“잡다한 의견 속에서 길을 잃기보다 단순함 속에 머무르라.”

“잡다한 의견 속에서 길을 잃기보다 단순함 속에 머무르라.”

모든 문제의 답은 내 안에 있다

아프리카에 한 양치기가 살고 있었다. 어느 날 그의 아들이 마을에서 가장 연장자인 노인을 찾아가 고민을 털어놓았다.

"지혜로운 어르신, 한 말씀 조언을 부탁드립니다. 아버지가 저를 어르신께 보냈습니다. 어제 아버지는 제게 양 떼를 맡겼고, 양 떼를 모는 지팡이를 주면서 양들을 빠짐없이 잘 살피라고 당부하셨습니다. 하지만 양들을 싫어했던 저는 별 신경을 쓰지 않았죠. 그렇게 제가 딴전을 피우는 사이에 양 떼를 눈에서 놓쳤고 결국 들짐승이 나타나 양 한 마리를 낚아채 갔습니다. 아, 현인이시여 너무도 괴롭습니다. 어떻게 해야 좋겠습니까? 양이 들짐승에게 잡아먹히는 바람에 우리 양 떼의 수가 줄어들었습니다. 이제 저 때문에 우리 식구들이 굶주릴지도 모릅니다."

노인은 잠시 침묵을 지키다 낙심한 젊은이에게 말했다.

"만일 돌멩이 하나가 '나는 조그만 돌멩이에 불과해 집 벽을 만드는 데 쓰이지 못할 거야'라고 생각한다면 과연 그 많은 집이 지어질 수 있었을까? 물방울이 '나는 작은 물방울에 지나지 않아서 나 같은 걸로는 강물이 될 수 없을 거야'라고 생각한다면 과연 바다가 있을 수 있을까? 밀알이 '나는 작은 밀알에 지나지 않아. 농부가 이런 나를 갖고서 그 큰 밭에 파종할 수 있을까?'라고 생각한다면 밀을 한 톨이라도 거두어들일 수 있을까? 또 햇살이 '나는 한 줄기 햇살에 지나지 않아. 어떻게 이 세상 전체를 밝힐 수 있을까?'라고 생각한다면 세상은 온통 암흑천지로 변하지 않을까?"

그러더니 노인은 한동안 입을 다물었다. 젊은이는 노인의 이야기를 곰곰이 되새겨보았다. 노인이 다시 입을 열었다.

"집 짓는 데 돌멩이 하나하나가, 바다를 이루는 데 물방울 하나하나가 필요하고, 수확을 위해선 낟알 하나하나가, 환한 낮을 위해 매일 햇살 하나하나가 필요하듯, 양 떼가 본래 주어진 모습을 지키며 살아가려면 자네의 헌신과 사랑이 꼭 필요하다네."

"나에게만 들리는 목소리가 내가 따라가야 할 목소리다."

현대 사회는 우리에게 해를 끼칠 수 있는 수많은 잘못된 전제와 신념을 퍼뜨리고 있다. 덕분에 많은 사람이 자기 내면의 목소리를 듣지 못한 채 살아가고 있다. 안타깝게도 이런 내면의 목소리 외면 현상은 오늘날 일종의 사회적 합의처럼 되어버렸다.

많은 사람이 자기 자신에게 귀 기울이는 대신 미디어에서 떠들어대는 조언을 경청하고 그것이 진리인 양 따른다. 덴마크의 유명 철학자 쇠렌 키르케고르Søren Kierkegaard는 이렇게 말했다.

"진정한 윤리적 개인은 확신 속에 자기 자신 안에 가만히 머문다. 그에게는 여러 의무가 아닌 단 하나의 의무만이 있기 때문이다. 그리고 그 의무는 외부에서 명령처럼 강요된 것이 아니라 가장 깊은 내면적 본질의 표현으로서 안에서 나온 것이기 때문이다."[2]

스토아주의자에게 외부에서 내려진 명령은 그것이 스토아 원칙들과 조화를 이룰 때만 의미가 있다. 외부의 것도 결국에는 모두 내면에서 온 것이다. 그러므로 자기 안에서 로고스의 목소리를 알아채는 것이야말로 스토아주의자에게 주어진 최고 의무다. 그런데 이는 소란스러운 바깥세상에서가 아니라 내면에서 고요히 성찰함으로써 가능해진다. 로고스의 목소리는 고요함의 소리이며 고요함을 통해서만 말한다. 이 목소리는 판단할 줄 모르며 자기 자신의 내면에 자리한 본질만을 알 뿐이다. 그래서 도가 철학에서는 "너의 존재 안에 대답이 있다. 너는 네가 누구인지, 네가 무엇을 원하는지 알고 있다"라고 한다.[3]

자기 안의 목소리를 듣는 대표적인 방법으로는 명상이 있다.

매일 30분씩 규칙적으로 명상의 시간을 갖도록 하자. 구체적으로는 자기 생각을 의식적으로 관찰하는 '마음챙김 명상'이란 것이 있다. 이 밖에 요가와 결합된 전통적인 명상을 택해도 좋다. 명상을 통해 요동치는 생각의 흐름을 끊고 '지금 이 순간'에 도달해 자기 내면의 목소리를 감지하는 법을 배울 수 있다.

“나에게만 들리는 목소리가
내가 따라가야 할 목소리다.”

“나에게만 들리는 목소리가
내가 따라가야 할 목소리다.”

가치 있는 삶을 위한 열정은 아깝지 않다

3

고대 그리스 아테네에 스토아 철학을 배우는 학생이 있었다. 어느 날 그가 스승을 찾아갔다. 그는 스토아 철학의 원리를 열심히 공부했지만, 그간의 성과에 만족하지 못했다. 자신을 남보다 똑똑하다고 여겼던 터라 더 많은 것을 기대했기 때문이다. 학생의 고민을 들은 스승은 이런 이야기를 들려주었다.

이야기의 주인공도 역시 어느 학생이었는데, 그가 전수받은 삶의 원칙은 다음과 같았다.

'구하라, 그럼 찾을 것이다. 두드리라, 그럼 열릴 것이다.'

성질이 급했던 학생은 자신이 배운 이 원칙이 정말 맞는지 확인해보기로 했다. 가장 먼저 왕궁을 찾았다. 하지만 쉽게 들어갈 수 없었다. 한번 마음먹으면 포기할 줄 몰랐던 그는 물러서지 않았고, 마침내 궁전으로 들어가는 것을 허락받았다. 그는 왕 앞에서자마자 마음속에 담아둔 말을 꺼냈다.

"공주께 청혼하고자 왔습니다."

낯선 젊은이가 나타나 이처럼 막무가내로 조급함을 드러냈다면 대부분의 왕은 바로 감옥에 던져 넣었을 것이다. 하지만 이 왕은 달랐다. 남달리 인자했던 왕은 젊은이에게 특별한 과제를 주었다. 공주가 얼마 전 강에서 뱃놀이를 하다 잃어버린 귀한 반지를 찾아오라는 것이었다. 반지를 강에서 건져 올리는 데 성공한다면 공주와 결혼시켜주겠다고 약속했다.

젊은이는 단숨에 강으로 달려갔다. 강은 왕이 살던 성 아래 숲을 지나 흐르고 있었다. 젊은이는 몸에 지닌 술잔을 꺼내서 반지가 나타날 때까지 강물을 퍼내기 시작했다. 하지만 석 달 넘게 열심히 퍼냈음에도 별 성과가 없었다.

반지의 행방은 여전히 오리무중이었다. 그 와중에 강 속 물고기들은 강물을 퍼내는 이상한 젊은이의 등장으로 불안에 떨었다. 물고기들은 대책 회의를 열었다.

"무슨 일이지? 저 위에 있는 이상한 청년은 대체 무슨 꿍꿍이지?"

물고기들 중 가장 연장자가 말했다.

"공주가 우리 강바닥에 떨어뜨린 반지를 찾으려는 거요."

물고기들은 당황해 어찌할 바를 몰랐다. 최연장자 물고기가 다시 입을 열었다.

"부디 현명한 판단을 내려 젊은이에게 공주의 반지를 돌려주도록 하시오. 보건대 그자는 고집이 보통이 아니고 열정도 남달라 우리 강물을 한 방울도 남기지 않고 몽땅 퍼 올리고도 남을 인간이오. 그럼 우리는 어떻게 되겠소?"

강물이 바짝 말라버릴까 봐 겁났던 물고기들은 결국 그 조언을 따르기로 했다. 물고기들은 처량한 얼굴로 우두커니 강가에 서 있던 젊은이의 술잔에 공주의 귀중한 반지를 던져주었다. 이에 크게 기뻐한 젊은이가 왕에게 달려갔다. 왕은 그의 굽힐 줄 모르는 의지에 감동했다. 이처럼 집념이 남다른 젊은이라면 공주의 신랑감으로 제격이라고 생각했다.

"자네의 열정과 집념 덕분에 이렇게 다시 궁정에서 만나게 되었군. 그에 대한 상으로 내 딸과의 혼인을 허락하네."

여기서 이야기를 마친 스승은 시름에 잠겨 자신을 찾아온 학생에게 말했다.

"이보게, 불타오르는 열정으로 단호하고 집요하게 한 번 정한 목표에서 물러서지 않는다면 무엇이든 원하는 걸 얻을 수 있다네."

"아무리 작고 보잘것없어 보일지라도 그것이 진실된 것이라면 소중히 여겨라."

우리 삶에서 가치 있는 것은 시시로 바뀌는 사물의 외양이 아니라 그것의 본질이다. 작고 보잘것없는 행동일지라도 그 행동에 흔들림이 없으려면 생각에 흔들림이 없어야 한다. 아파테이아, 즉 평정심을 유지함으로써 나타나는 진정한 내적 본질만이 이 같은 흔들리지 않는 단단함을 지니고 있다. 이런 단단한 태도를 갖출 때 비로소 침착하고 일관되게 자기 길을 걸어갈 수 있다.

오늘날 사람들은 참다운 가치를 갖지 못한 것을 위해 재산을 탕진한다. 수억대의 슈퍼카를 소유한다고 해서 마음의 평정에 이를 수 있을까? 사람들이 많은 돈과 삶의 에너지를 쏟아붓는 대상은 결국 아무 가치 없는 하찮은 것들이다. 고통의 길로 들어서지 않기 위해선 이 점을 꼭 명심하자.

현자의 길에는 목표로 직행하는 지름길이란 없다. 진정 가치가 있는 것을 얻으려면 집념과 열정, 그에 따른 인내심은 필수다.

언젠가 죽음의 시간이 찾아왔을 때 무엇을 갖고 갈 수 있는지늘 생각하라. 얼마나 값진 것인지는 상관없다. 아우렐리우스도 깨달았듯이 결코 눈에 보이는 물질적인 것이 아닐 것이다. "죽음을 두려워하지 말고, 한 번도 제대로 삶을 시작하지 못한 것을 두려워하라."[4]

“아무리 작고 보잘것없어 보일지라도 그것이 진실된 것이라면 소중히 여겨라.”

“아무리 작고 보잘것없어 보일지라도
그것이 진실된 것이라면 소중히 여겨라.”

불행한 생각이
불행한 인생을 낳는다

어느 작은 마을에 한 소녀가 살고 있었다. 소녀는 눈물로 꼬박 밤을 지새웠다. 세상이 무너진 듯 슬펐고 이 세상에 자기 혼자만 남은 듯한 기분이었다. 주변이 온통 낯설게 느껴지고 자기를 이해하는 사람은 아무도 없고 철저히 버림받은 기분이었다. 이 모든 게 얼마 전 사귀던 소년으로부터 받은 이별 통보 때문이었다. 날벼락 같은 일이었다. 소녀는 서로 무척 사랑한다고 생각했었다. 충격이 컸던 것은 이런 식으로 헤어진 게 벌써 세 번째였기 때문이다. 소녀는 자신에게 큰 회의감이 들었다. 앞으로 누군가를 사랑해도 그 사람을 믿을 수 있을지 도저히 자신이 없었다. 다시 사랑에 빠질 수 있을까? 도대체 내가 뭘 잘못한 걸까? 아무 짐작도 가지 않았다.

갑자기 집 안이 답답하게 느껴졌다. 소녀는 집에 있기가 괴로웠다. 잠시 후, 평소 즐겨 찾던 근처 산으로 가보기로 했다. 산 정상에 오르면 기분이 풀어지고 회의감에서 벗어날 수 있을 것 같았다.

산을 오르자 눈부시게 파란 하늘이 눈앞에 펼쳐지기 시작했다. 소녀는 크로커스꽃이 활짝 피어 흰 보랏빛으로 물든 야생 들판을 가로질렀다. 드디어 산 정상에 도착한 소녀는 갑자기 몰려오는 피곤함에 깜박 잠이 들었다.

꿈속에서 감미로운 목소리가 들려오더니 소녀에게 말했다.

"어제 일로 울지 말아요. 이제 다 지난 일이에요. 내일 찾아올 일로 걱정하지 말아요. 그건 아직 일어나지도 않았어요. 이 화창한 날을 즐거운 마음으로 즐겨요. 당신이 슬퍼하는 건 깊은 감정을 느낄 수 있는 인간이기 때문이에요. 그 사실에 기뻐하세요. 당신은 특별한 존재예요. 자기 자신을 사랑할 줄 알아야 다른 사람도 사랑할 수 있다는 걸 잊지 말아요."

눈을 뜬 소녀는 지금 이 상황이 꿈인지 생시인지 어리둥절했다. 순간, 아름다운 나비 한 마리가 하늘로 날아가는 게 보였다. 그로부터 몇 년의 시간이 흐르고 소녀는 새로운 남자를 만나 깊은 사랑에 빠졌다. 어느 날 두 사람은 소녀가 즐겨 찾던 산 정상에 함께 올랐다. 그녀는 남자의 품에 안겨 누웠다. 그때 두 사람의 아이들이 외치는 소리가 들렸다.

"여기요! 이렇게 아름다운 나비들은 처음 봐요!"

“인생은 어떤 생각으로 채우느냐에 따라 달라진다.”

부정적 사고를 씻어내고 건강한 사고방식을 이끄는 일련의 조치를 가리키는 말로 ‘사고 위생Gedankenhygiene’이란 말이 있다. 이는 본질적으로 스토아주의자들이 실천하는 바와 궤를 같이한다. 실제로 우리가 직접 통제할 수 있는 것은 자기 생각뿐이기에 어떤 생각을 할지, 그 생각을 계속 이어갈지는 전적으로 자신에게 달린 일이다. 아우렐리우스는 “생각은 오랜 시간에 걸쳐 영혼을 물들인다”고 했다.[5] 시간이라는 우주적 차원의 삶의 원리가 심리 현상에도 반영된 셈이다.

이로써 아우렐리우스는 인간 정신의 본성을 설명하고 있다. 오늘날의 표현을 빌리자면 그는 정신을 ‘저장 매체’로 이해했다. 우리의 생각은 이 저장 매체에 저장될 뿐 아니라 흔적을 남긴다. 생각은 남아 있는 저장 공간에서도 암약하며 영향을 미친다.

이처럼 우리는 정신을 여러 생각으로 물들이며 하루하루를 살아간다. 이것이 스토아적 삶의 방식에 의미하는 것은 무엇일까? 부정적 생각을 자주 할수록 우리의 정신은 이런 생각에 물들면서 비슷한 특성을 띠게 된다. 그러면서 점점 부정적인 사람이 되고 이 같은 정신의 위력 속에 지각과 사고가 형성되고 완성된다. 경험하는 일마다 점점 부정적 색채로 물든다. 어느 순간 긍정적인 것을 보고 행복을 느끼는 능력마저 잃는다. 장밋빛과는 정반대 빛깔의 안경을 쓰고서 살아가게 된다.

부정적인 생각 대신 우리에게 필요한 것은 태연함과 평정심이다. 그래야 바깥 사물에 대해 의식적으로 거리를 두면서 자신의 영혼에 부담을 주지 않을 수 있다. 이처럼 평안을 유지할 때 내면에서 보호받고 안전하다고 느끼며, 동시에 모든 강요에서 자유로운 해방감을 맛본다. 이것이 스토아적 행복과 평온의 원천이다.

이는 우리가 피해야 할 것, 즉 자기 자신을 제약하고 불필요한 고집을 부리며 융통성 없이 편협하게 굴어서 스스로 깨달음의 기회를 막는 것과는 정반대의 상황을 나타낸다. 이런 목표로 향하는 길에서 아우렐리우스의 말을 기억하자. "네가 자주 떠올리는 생각들이 너의 신조가 된다. 영혼은 생각들로 채워지기 때문이다."[6]

“인생은 어떤 생각으로 채우느냐에 따라 달라진다.”

“인생은 어떤 생각으로 채우느냐에 따라 달라진다.”

May

월

"당신이 무엇인지 명심하라. 무엇보다도 한 인간이다.
자유 의지를 갖는 것 말고는
어떤 중요한 과제도 떠맡지 않는 존재라는 뜻이다."

- 에픽테토스[1]

올바른 길로 가려면 자기 내면에 집중하라

1

기필코 부자가 되겠다고 결심한 한 남자가 있었다. 주변에 지혜로운 노인이 살고 있다는 소문을 들은 그는 어떻게 하면 부자가 될 수 있을지 직접 찾아가 묻기로 했다.

노인은 마을 밖 작은 오두막집에 살고 있었다. 남자는 문을 두드리고 집 안으로 들어가 노인에게 정중히 인사했다. 그런데 남자가 입을 채 열기도 전에 노인이 먼저 말했다.

"낯선 이여, 그대에게 부자가 되는 법을 알려주겠소."

노인이 오두막을 나서자 남자는 그 뒤를 따랐다. 가파른 길을 힘들게 올라간 두 사람은 얼마 후 산중의 호숫가에 다다랐다. 햇빛을 받아 호수가 청록빛으로 반짝였다. 노인은 호숫가로 가더니 손가락으로 호수를 가리켰다. 호숫가에서 그리 멀지 않은 곳의 바닥에 무언가가 반짝거렸다. 노인이 말했다.

"저기 아래를 보시오! 바로 당신을 부자로 만들어줄 값진 보석이오."

그러자 남자가 말했다.

"헤엄을 잘 치지 못해 저곳까지 갈 수 있을지 모르겠습니다. 게다가 바닥까지 잠수해야 하는데 수심도 깊고 물도 차갑고요."

이 말을 들은 노인이 웃음을 지었다.

"오호, 대부분의 사람들이 그렇게 생각하오. 의심에 가득 차 있고 용기가 부족해, 자기 내면의 목소리를 듣지 않기 때문이오. 평생 행복이 제 발로 찾아오기만을 기다리고 있지 않소?"

노인의 말에 용기를 얻은 남자는 용감하게 호수로 뛰어들어 보물이 있는 곳까지 헤엄쳐 갔다. 잠시 후 물 밖으로 모습을 드러낸 남자가 기쁨에 찬 목소리로 외쳤다.

"이것 보세요!"

그의 손에는 비할 수 없이 값진 보물이 쥐어져 있었다.

"자기 자신 안으로 물러날 수 있는 자는 바깥세상에서 더 이상 혼자가 아니다."

무엇이 옳고 무엇이 그른가? 우리는 이 영원한 질문을 하루에도 수천 번씩 던지며 고민하지만 끝내 답을 찾지 못한다. 오스트리아의 작가 로베르트 무질Robert Musil은 그 이유를 이렇게 설명한다.

"오늘날 우리는 내면의 목소리를 잃어버렸다. 우리는 너무 많은 것을 알고 있다고 생각하고, 이성을 독재자처럼 여기며 거기에 복종한다."[2]

물론 늘 자기 길을 가기란 쉽지 않다. 원치 않은 불청객이 나타나기 마련이다. 그럴 때마다 스토아주의자들이 운명의 저주 따위에 무조건 순응하는 것은 아니다. 중요한 것은 내면으로 들어가서 자기 안에서 삶의 장애물을 극복하는 것이다. 지금까지 살아오면서 올바른 결정을 내리고 싶었지만, 개인적인 사정 혹은 직업상 주변 여건 때문에 그러지 못한 경험이 누구나 있을 것이다. 비전문적이고, 편견과 감정에 사로잡힌 무비판적이고 그릇된 주장들 앞에서 제대로 맞서기란 쉽지 않다. 모두 횡설수설하고 문장 하나 제대로 마무리 짓지 못하는 데다 남의 말을 가로막기에만 급급한 상황에서는 누구나 본질적인 것에 집중하기 어려워한다.

정신을 한눈팔게 하는 것이야말로 물질적인 것의 기본 특성이다. 눈에 보이는 물질적 관계를 통해서만 정당성을 얻으려는 자들과 이들이 내세우는 주장에 대해서도 마찬가지다. 하지만 이런 것들은 결국 정신적 요소들 앞에서 실패할 수밖에 없다. 정신이 물질에 비해 훨씬 포괄적이고 높은 위치에 있기 때문이다.

물질적 가치에 집착하는 사람들은 오류에 빠지고 잘못된 결론에 도달한다. 반면 스토아주의자는 오류에 택해 내면의 목소리에 귀를 기울인다. 그래서 세네카는 이렇게 말했다.

"되도록 자주 자기 자신 안으로 물러나 있게나. 나를 더 나은 사람으로 만들어주는 이들과 교류하고 내가 더 나은 사람으로 만들어줄 수 있는 사람을 가까이 들이게나."[3]

“자기 자신 안으로 물러날 수 있는 자는 바깥세상에서 더 이상 혼자가 아니다.”

“자기 자신 안으로 물러날 수 있는 자는 바깥세상에서 더 이상 혼자가 아니다.”

아무도 나의 가치를 평가할 수 없다

2

어느 날 절망에 빠진 한 젊은이가 현자를 찾아가 도움을 청했다.

"선생님, 삶에 희망이 보이지 않습니다. 제가 쓸모없이 느껴지고 뭘 어떻게 해야 할지 모르겠습니다. 모두 저보고 천하에 무능한 인간이라 비웃고 매사에 서툴러 손대는 일마다 망친다고 손가락질합니다. 게다가 멍청해서 아무도 상대해주지 않을 거라고 합니다. 선생님, 괴롭습니다. 무슨 수가 없을까요? 어떻게 하면 남들에게 좋게 보일 수 있을까요?"

현자는 하소연하는 젊은이에게는 눈길도 주지 않은 채 말했다.

"안타까운 일이지만 나로서도 뾰족한 수가 생각나지 않네. 내게도 시급한 문제가 있어 자네를 도와줄 형편이 못 된다네. 어쩌면 내 문제부터 해결한 다음에 도움을 줄 수 있을지도 모르겠네."

잠시 말을 멈춘 현자는 다시 입을 열었다.

"자네가 먼저 나를 도와 내 문제를 해결해준다면 나도 자네 문제를 생각해 보겠네."

젊은이는 더듬거리며 제안을 받아들였다. 그러자 현자는 얼른 왼손에 끼고 있던 반지를 빼서 젊은이에게 건네며 말했다.

"밖에 말 한 마리가 서 있다네. 그 말을 타고 마을 장터로 가게나. 내게 빚이 있어 이 반지를 팔아야 하는데 최대한 값을 많이 받아오게나. 최소한 금화 한 닢은 받아야 하네. 그러고는 돈을 갖고 다시 이리로 오게나."

젊은이는 시키는 대로 말을 타고 달려 장터에 도착했다. 그리고 장사꾼들에게 반지를 보여주며 반지에 대한 칭찬을 쏟아냈다. 하지만 가격을 부르는 순간 상인들이 웃음을 터뜨렸다. 가격을 듣자 뚝 흥미를 잃은 사람들도 있었다. 한 노인이 그런 반지에 금화 한 닢은 과하다고 친절하게 알려주었다. 또 어떤 상인은 은화 한 닢과 구리 잔을 주겠다고 제안했다. 당연히 젊은이는 거절했다.

반지를 살 사람을 찾느라 몇 시간을 허비한 뒤, 젊은이는 풀이 죽어 다시 말을 타고 현자에게 돌아왔다. 그러고는 은화 한두 닢, 아니 세 닢까지도 받을 수 있었지만 그 이상 값을 쳐주는 상인은 찾지 못했다고 털어놓았다. 그러자 현자는 이렇게 말했다.

"좋네. 그럼 우선 이 반지의 진짜 가치를 알아보도록 하세. 말을 타고 장터로 돌아가 보석상의 감정을 받아보게나. 일단 얼마나 쳐줄 수 있는지 물어보기만 하고 다시 가져오게나."

마을로 돌아간 젊은이가 보석상을 찾아가 물었다. 보석상은 반지를 꼼꼼히 살펴보고 무게를 달아보더니 말했다.

"자네 선생에게 내가 반지를 사겠다고 전하게나. 지금 팔면 금화 60닢을 주겠네."

젊은이는 깜짝 놀랐다.

"금화 60닢이요?"

그러자 상인이 말했다.

"선생이 좀 더 기다릴 수만 있다면 장담컨대 80닢도 받을 수 있지. 하지만 급히 팔아야 한다면…."

젊은이는 다시 말을 타고 돌아가서 흥분한 목소리로 보석상에게 들은 얘기를 전했다. 현자는 미소 띤 얼굴로 말했다.

"진정하고 여기 앉아보게나. 자네 자신이 바로 내가 준 반지와 같다네. 자네는 이 세상에 하나밖에 없는 보석 같은 존재일세. 이 반지처럼 오직 전문가만이 자네의 진정한 가치를 알아볼 수 있지. 그러니 이제 그만 인생의 방황을 끝내고 만나는 사람마다 자네의 가치를 알아봐주었으면 하는 기대를 버리게나."

그러고 현자는 반지를 다시 손가락에 끼었다.

"주어진 삶에 충실한 이에게만 삶의 진정한 가치가 보인다."

스토아 철학의 가르침을 따르는 이들은 세간에 통용되는 틀에 박힌 사상을 좇지 않는다. 반짝 지속되는 유행에 빠지지 않는다. 오히려 보이지 않는 내적인 것, 쉽게 변하지 않고 지속되는 것에 관심을 둔다. 남들과 똑같이 일상을 보내는 것처럼 보이지만 내면의 동요 없이 감정과 충동을 적절히 통제한다.

마음속으로 바라는 자기 모습이 있는가? 그럼 그런 사람이 되자. 그리고 자신에게 주어진 자리에서 역할을 다하는 사람이 되자. 니체는 이런 말을 남겼다.

"우리를 둘러싸고 유령 같은 일이 벌어지고 있다. 삶의 매 순간이 우리에게 무언가를 말하고자 하지만 우리는 이 유령의 소리를 들으려 하지 않는다. 우리는 혼자 조용히 있을 때 무언가가 귀에 속삭이는 것을 두려워한다. 그래서 고요함을 싫어한 나머지 사교로써 감각을 무디게 한다."[4]

"주어진 삶에 충실한 이에게만
삶의 진정한 가치가 보인다."

"주어진 삶에 충실한 이에게만
삶의 진정한 가치가 보인다."

아름다움은 외면이 아니라 내면에서부터 나온다

3

자동 세차장에서 자동차 한 대가 빠져나오자마자 한 소년이 달려오더니 신나게 차를 닦으며 광을 내기 시작했다. 소년이 운전석에 앉은 남자에게 말을 건넸다.

"진짜 좋은 차를 타시네요? 선생님 차가 맞나요?"

남자가 대답했다.

"형이 선물로 준 차란다."

깜짝 놀란 소년이 되물었다.

"선물이요? 공짜로요?"

"맞아. 한 푼도 안 냈어."

남자의 말에 소년은 머뭇거리며 "아, 얼마나 좋을까…." 하고 부러워했다. 남자는 소년이 무슨 뜻으로 그런 말을 했는지 알 것 같았다. 자기도 그런 차를 갖는 게 꿈이기 때문일 것이다. 소년이 이어서 말했다.

"아, 나도 그런 형일 수 있다면 얼마나 좋을까."

뜻밖의 말에 남자는 놀라면서도 가슴이 뭉클해졌다.

"내 차를 타고 시내를 한 바퀴 돌아볼래?"

남자가 물었다. 굳이 대답이 필요 없는 제안이었다. 소년의 눈이 환하게 빛났다.

"정말이요? 저랑 차를 타고 시내를 한 바퀴 돈다고요? 좋아요!"

소년을 태운 차가 달리기 시작했다. 잠시 후 갑자기 소년이 조심스레 부탁을 하나 했다.

"저 앞 모퉁이에 잠깐 세워주실래요? 우리 집이 저기거든요. 잠시면 돼요."

남자는 미소를 지으며 고개를 끄덕였다. 그는 소년이 가족이나 친구를 불러 차를 구경시키거나 같이 차를 타봐도 되냐고 물을 것이라 생각했다. 그런데 전혀 의외의 일이 벌어졌다. 잠시 후 소년이 집에서 다시 나왔을 때는 혼자가 아니었다. 휠체어 한 대를 밀고 왔는데, 거기에는 그보다 어린 또 다른 소년이 앉아 있었다. 두 사람이 차 쪽으로 가까이 다가왔다.

"이것 봐. 운전석에 앉아 있는 이분이 이 차를 형에게서 선물로 받았대. 언젠가 나도 너에게 이런 멋진 차를 선물할 거야. 그럼 차를 타고 원하는 곳 어디든 함께 다닐 수 있을 거야."

이 광경을 지켜본 남자는 가슴이 찡해졌다. 그리고 차에서 내려 휠체어에 앉은 소년을 번쩍 들어 자동차 조수석에 앉혔다. 어린 동생의 눈이 한 번도 그렇게 빛난 적이 없었던 것처럼 반짝거렸다. 그렇게 세 사람은 함께 차를 타고 도시를 누볐다. 모두에게 잊을 수 없는 최고의 경험이었다.

"눈에 보이는 것들이 눈에 보이지 않는 내면의 아름다움을 이겨낼 수 없다."

아름다움과 정직함 사이에 어떤 공통점이 있는지 묻는다면 대부분 어떻게 대답할지 난감해할 것이다. 이 둘은 별 상관이 없어 보이기 때문이다. 하지만 스토아주의자에게 아름다움은 정직함의 결과물이다. 둘 다 내면에서 나온다. 스토아적 인식론에 따르면 정직한 행동을 하는 사람은 선행을 하면서 아름다움을 바깥세상으로 내보낸다.

주위를 살펴보라. 사람들이 따르는 이상적인 아름다움은 무엇인가? 획일화된 미의 기준을 따르면서 오로지 이윤 추구만을 목표로 하는 것이다. 그런 아름다움은 결국에는 우리의 몸과 마음을 모두 위협한다. 전 세계 성형외과 의사들은 너도나도 완벽한 인간형을 양산하는 데 힘쓰고 있다. 물론 겉으로만 완벽해 보일 뿐, 사람들의 외모는 사회적으로 정형화된 미의 기준에 맞게 변형된다. 그

뿐만이 아니다. 환경과 관련하여 조경과 같은 활동에서도 사전에 철저히 계획된 설계 도면에 따라 자연이 어떤 모습을 띠게 될지가 결정된다.

이 모든 것이 진정한 아름다움과는 무관하다. 사회적 미의 기준은 우리가 어떻게 할 수 없는, 우리 의지와는 무관한 것이기 때문이다. 마르거나 뚱뚱한 몸, 튀어나온 광대뼈나 짧은 다리와 같은 신체적 특징은 스토아 철학에서 말하는 우리의 통제 밖의 것들로 원래 타고난 것이다. 사회의 요구와는 어긋나지만, 우리가 할 일은 자연이 준 모습을 그대로 받아들이는 것이다.

진정한 아름다움은 내면에서 창조되어 밖으로 흘러나온다. 그리고 무엇보다 스토아적 정의감, 마음의 평정, 특히 책임 의식 같은 요소들이 모여 그런 아름다움을 이룬다. 그런데 안타깝게도 정의는 책과 법조문 속으로 추방된 지 오래다. 그래서 정의와 인간 사이의 연결고리를 찾는 게 힘들어졌다. 영원한 정의란 아름다움과 마찬가지로 인간의 생각 속에 담겨 있다. 결국 우리 생각 속 아름다움과 정의가 영향력을 펼쳐 행복한 삶을 만들어준다. 아우렐리우스는 정의에 관해 이렇게 말했다.

"원인이 밖에 있는 일에 대해서는 평정심을 가져라. 그리고 자기 행동에서 비롯된 일에는 정의를 보여라. 다시 말해 너의 노력과 행동은 공동체에 최선이 되는 것만을 목표로 삼아야 한다. 그것이 너의 본성에 맞기 때문이다."[5]

“눈에 보이는 것들이 눈에 보이지 않는 내면의 아름다움을 이겨낼 수 없다.”

“눈에 보이는 것들이 눈에 보이지 않는 내면의 아름다움을 이겨낼 수 없다.”

내일이 없다고 여기면 오늘에 충실할 수 있다

4

옛날 옛적 티베트에서 있었던 일이다. 실크로드에서도 한참 떨어진 어느 산골짜기 사원에 지혜로운 스님 한 분이 살고 있다는 소문이 퍼졌다. 하루는 한 부인이 수고를 무릅쓰고 스님이 있는 사원을 찾아갔다. 스님은 고된 여행 끝에 사원에 도착한 부인을 반갑게 맞이했다.

부인은 스님을 찾아온 이유를 말하며 자신의 미래를 점쳐달라고 부탁했다. 그러나 스님은 "그런 부탁은 들어줄 수 없습니다"라고 거절했다. 이에 부인은 그동안 이 오래된 사원을 보존하는 데 얼마나 많은 돈을 희사했는지 설명했다. 결국 부인의 간청에 못 이긴 스님이 말했다.

"부인의 손금을 봐주겠소. 이리 손을 줘보시구려."

그 지혜로운 노승이 손금을 보고 앞날을 점쳐달라는 부탁을 들어준 적은 이번이 처음이었다. 노승이 자기 손을 붙잡고 손가락으로 조심스럽게 손금을 따라가자 부인은 긴장할 수밖에 없었다. 노승은 혼잣말로 중얼거렸다.

"아, 이건 뭐지? 놀랍고 흥미롭구먼. 정말 특이하단 말이야."

그러자 부인은 더욱더 조바심이 나면서 과연 노승이 어떤 점괘를 들려줄지 궁금했다. 잠시 후 부인의 손을 놓아준 노승이 말했다.

"부인, 그대의 손바닥에 그대의 미래가 새겨져 있고, 내 판단은 한 번도 틀린 적이 없다는 건 그대도 잘 알고 있을 거요."

부인이 대답했다.

"예, 잘 알고 있습니다. 이제 제 앞날을 말씀해주세요."

이에 노승이 말했다.

"그대 미래에 관해 정해진 건 없소. 어떻게 될지는 온전히 그대에게 달렸소."

"매사에 인생의 마지막 일인 것처럼 임하라."

정신없이 바쁜 하루를 보낸 뒤 '도대체 나한테 남은 게 뭐가 있지' 하고 스스로에게 물었던 적이 많을 것이다. 그럴 때마다 돌아온 대답은 대부분 썩 만족스럽지 않을 것이다.

'카르페 디엠Carpe Diem(오늘을 잡아라)!' 고대 로마의 시인 호라

티우스Quintus Horatius Flaccus의 시 한 구절에서 유래한 이 말은 바로크 시대 이후로 자주 사람들의 입에 오르내렸다. 화려한 미술과 건축물로 유명했던 바로크 시대에는 '메멘토 모리Memento mori(죽음을 기억하라)'의 대척점에서 쓰이기도 했다. 이 말을 스토아적 방식으로 해석하자면 하루하루의 중요한 순간을 놓치지 않고 수확해나가야 한다는 뜻이 된다. 그러기 위해 우리는 오롯이 나만을 위한 일을 하거나 잠시 일상의 루틴에서 벗어나 물질에 얽매인 삶과 거리를 둘 필요가 있다. 스토아주의자에게 거리를 둔다는 것은 사물에 대한 시각을 날카롭게 한다는 말이다. 하루는 24시간이고 매 순간순간은 삶에서 오직 한 번밖에 찾아오지 않는다. 그러니 자꾸 일을 미루는 습관을 버리자. 오늘의 일은 오늘만의 것이다.

현재에 머물고 지금 이 순간에 충실하라. 주어진 날들을 꽉 움켜쥐고 당신 것으로 주어진 오늘 하루를 최선을 다해 살아가자. 아직 마주하지 않은 미래를 위해 당장 마주하고 있는 현재를 희생하는 것은 어리석은 일이다.

스토아 철학의 원칙에 부합하는 의미 있는 행동들로 당신의 하루하루를 채워라. 무엇보다 어제나 내일이 아닌 현재를 살아라. 그럼 당신은 호라티우스의 말대로 살게 될 것이다.

"오늘을 잡아라. 되도록 내일에 기대를 걸지 말라."[6]

"매사에 인생의
마지막 일인 것처럼 임하라."

"매사에 인생의
마지막 일인 것처럼 임하라."

반복되는 습관에 나를 가두지 말라

5

홀로 산중에 살던 수도승이 있었다. 하루는 사람들이 찾아와 이렇게 물었다.

"산속에서 홀로 조용히 명상하는 삶에는 어떤 의미가 있습니까?"

마침 우물가에서 신선한 샘물을 긷고 있던 수도승은 이렇게 대답했다.

"이리 와서 저 깊은 우물 속을 한번 들여다보고 뭐가 보이는지 말해주시오."

잠시 후 사람들이 말했다.

"아무것도 안 보입니다."

수도승은 미소를 지으며 또다시 부탁했다.

"우물 속 깊은 곳을 들여다본 뒤 뭐가 보이는지 말해주시오."

재차 우물 속을 들여다본 사람들은 놀라서 이렇게 외쳤다.

"아, 우리 모습이 보입니다."

그러자 수도승이 말했다.

"그대들이 좀 전에 우물을 내려다봤을 때는 물이 출렁이며 가만히 있지 않았소. 앞서 내가 물을 길었기 때문이오. 두 번째에는 물이 움직임을 멈추고 잠잠해졌소. 그것이 바로 고요함과 명상이 가져다주는 경험이고, 그럴 때 우리는 자기 자신을 볼 수 있는 것이오. 이번에도 다시 인내심을 갖고 좀 더 기다려보시오."

잠시 후 수도승은 사람들에게 우물 속을 다시 들여다보라고 했다. 이윽고 사람들은 깜짝 놀라 외쳤다.

"우물 바닥에 돌멩이들이 보입니다."

그러자 수도승이 말했다.

"이 역시 고요함과 명상이 가져다주는 경험이오. 충분한 시간을 기다리면 사물의 근본을 볼 수 있게 되는 것이라오."

"습관의 보호막을 깨면 어제보다 더 나은 내가 보인다."

사람들은 삶을 저마다 다양한 형태의 반복적인 루틴으로 만들어간다. 습관의 동물인 인간은 편하게 느껴지는 세계에 자신을 맞춰간다. 이런 세계를 '컴포트존comfort zone'이라 부르기도 한다. 그런데 이 같은 보호막은 자기합리화에 능한 장치이기도 하다. '행복감 효과' 덕분에 사람들은 대부분 약간의 시간만 지나면 더 이상 깊이 생각하지 않는다. 자기 세계가 전부라고 착각하고, 가급적 장애물을 피해 가려는 사고 및 행동 방식들로 짜인 코르셋 속에 자기를 가두고 있다는 걸 눈치채지 못한다. 하지만 빠르고 늦다는 차이는 있지만 결국 모든 것은 원래의 매력을 상실한다. 지금 하는 일이 아무리 흥미진진하고 매력적이더라도 언젠가는 의례적인 루틴이 되고 만다. 덕분에 매년 떠나는 여행도 언젠가는 반복되는 연례행사처럼 느껴질 수 있다.

이런 보호막을 깨고 스스로 만든 고립 상태에서 벗어날 수 있게 돕는 방법이 하나 있다. 책상에 앉아 지난주에 어떤 일을 했는지 곰곰이 되짚어보자. 사소한 일까지 빠짐없이 종이에 적어보자. 이어서 다음 주에 할 일을 떠올려보자. 이제 이 두 가지를 비교해보자. 어쩌면 두 가지가 항상 똑같은 일이라는 사실에 깜짝 놀랄지도 모른다. 이처럼 내가 하는 일을 잘 파악해서 오래전부터 반복해오던 나를 틀에 가두는 일을 일상에서 하나씩 몰아내자.

우리 삶에는 두 가지 유형의 불이 있다. 하나는 습관의 불이다. 이 불은 활활 타오르면서 삶을 소진한다. 자기 자신을 현재의 모습으로 바라볼 수밖에 없는 사람의 불이다. 또 다른 불은 자유의 불이다. 이 불은 전혀 다른 방식으로 타오른다. 이 불길이 집어삼킨 사람은 자유로워진다. 즉 지금과는 다른 모습이 되고 싶어 하는 사람의 불이다. 당신 삶의 불은 이 두 유형 중 어떤 것인가? 이 질문을 자신에게 솔직하게 던져보자. 당신은 매일 어떤 불에 기름을 붓고 있는가?

아일랜드 출신의 풍자작가 조너선 스위프트Jonathan Swift가 남긴 말을 되새겨보자.

"행동의 자유로 이어지지 않는다면 생각의 자유가 무슨 소용이 있는가?"[7]

"습관의 보호막을 깨면
어제보다 더 나은 내가 보인다."

"습관의 보호막을 깨면
어제보다 더 나은 내가 보인다."

June

월

"매사를 사려 깊게 처리하고 잡다한 생각으로
혼란에 빠지지 말라.
늘 가장 중요한 원칙을 마음에 새겨두라."

- 아우렐리우스[1]

문제의 책임을 따지기보다 올바른 해결에 집중하라

1

두 친구가 아라비아반도의 뜨거운 사막을 걷고 있었다. 두 사람은 갑자기 다툼을 벌였고, 욱한 마음에 한 친구가 다른 친구의 얼굴을 때렸다. 얼굴을 맞은 친구는 마음에 깊은 상처를 입었다. 그리고 말없이 사막 모랫바닥에 무릎을 꿇더니 손가락으로 뭔가를 쓰기 시작했다. 그 내용은 다음과 같았다. '오늘 가장 친한 친구가 내 얼굴을 때렸다.' 그는 다시 자리에서 일어났고, 두 친구는 계속해서 사막을 걸었다.

얼마 후 푸른 오아시스에 도착한 둘은 그곳의 샘에 들어가 몸을 씻으면서 기력을 회복하기로 했다. 그런데 앞서 친구에게 얼굴을 맞은 젊은이가 진흙에 발이 빠져 옴짝달싹하지 못하면서 익사 위험에 처했다. 다행히도 마지막 순간, 옆에 있던 친구가 그를 구해줬다.

진흙에 빠졌던 젊은이는 기운을 되찾자마자 뾰족한 돌을 집어 들더니 무릎을 꿇은 채 돌에 글씨를 새기기 시작했다. 그 내용은 이러했다. '오늘 가장 친한 친구가 물에 빠져 목숨을 잃을 뻔한 나를 구해줬다.'

이를 본 옆의 친구가 깜짝 놀라 물었다.

"오늘 아침에 내가 너를 때렸을 때는 사막의 모래에 글씨를 적었고, 조금 전 내가 너를 구해줬을 때는 돌에다 글을 새겼잖아. 왜 그랬지?"

그러자 친구가 대답했다.

"누군가에게 마음의 상처를 입었다면 그건 모래에 적어둬야 해. 그래야 그 말이 다시 지워지면서 용서도 가능해지지. 반대로 남에게 도움을 받았다면 그건 절대 지워져서는 안 되고 오래오래 읽을 수 있어야 하지. 내가 돌을 택한 것도 그런 이유에서였어."

"가장 쉽게 강을 건너는 방법은 그 강의 발원지를 건너는 것이다."

세상은 문제투성이다. 걷잡을 수 없이 상황이 심각한 곳도 많다. 그런데 뉴스나 신문 기사를 보면 세상의 자기야말로 세상의 문제를 해결할 적임자라며 의욕적으로 나서는 인물들을 심심찮게 볼 수 있다. 얼마 후 그들은 자신이 독자적으로 문제를 해결했다고 큰 목소리로 주장한다. 겉보기에는 그렇다.

그런데 스토아 철학에서 '독자적'이라는 것은 어떤 의미일까? 그것은 우리가 유일하게 통제할 수 있는 것, 즉 자기 생각의 주인이 된다는 뜻이다. 높은 정치적 직분을 차지하고 공적 활동에 나서는 사람은 자신이 대변하는 사람들이나 집단의 각종 주의·주장들로 인해 외부의 뜻에 휘둘리기 쉽다. 이들이 내놓는 대책들은 정치적으로 반대편에 있는 사람을 질타하고 비난함으로써 자기 편 사람들을 안심시키는 효과만 줄 뿐 사안의 본질은 외면한 번지르르한 말 잔치에 불과하다. 이들은 한껏 고무되어 있지만, 스토아주의자들에게 있어서 매우 중요한 평정심은 갖추지 못했다. 그들은 흔들리지 않는 내면의 평정심이 아닌 특정 이데올로기에 사로잡혀 행동한다. 세네카는 평정심에 대해 이렇게 말한다. "왜 모욕감을 느끼는가? 왜 불평하는가? 그것이 바로 우리가 여기 있는 이유가 아닌가?"[2]

스토아 철학을 마음속 깊이 새기고 있다면 일이 생각대로 되지 않거나 잘못되었을 때 필요한 '비상 대책'에 대해 잘 알고 있을 것이다. '잘못될 일은 어떻게든 잘못된다'는 머피의 법칙이 종종 들어맞는 세상에서 비상 대책은 안전장치와도 같다. 그러한 비상 대책을 발동한다는 것은 기존의 일을 중단한다는 뜻이거나 아예 새롭게 계획을 짜야 한다는 뜻일 수도 있다. 만일 타인이 일으킨 문제와 직면한다면 그를 용서하지 않는 실수를 범하지는 말라. 문제가 무엇인지 파악한 뒤 그 문제의 해결에 나서고, 문제에 책임이 있는 사람을 해결 과정의 일부로 받아들이자.

자신을 성장시켜 나가는 힘과 권한이 바로 나 자신에게 있음을 늘 기억하라. 스토아주의자라면 매사에 자기 연민에 빠지거나 불필요한 자기 비난을 하지 않는다. 또 어쩌다 난관에 부딪혀도 세상이 불공평하다고 원망하지도 않는다. 오히려 세상은 공정하다고 보고, 자신의 인생행로가 순탄치 않더라도 기꺼이 받아들인다.

"가장 쉽게 강을 건너는 방법은
그 강의 발원지를 건너는 것이다."

"가장 쉽게 강을 건너는 방법은
그 강의 발원지를 건너는 것이다."

타인과 나의 삶을 비교하지 말라

2

한 젊은 여인이 있었다. 그녀는 직장을 잃고 연인에게도 버림받고 설상가상 아프기까지 했다. 꿈꾸던 일 중 어느 하나 이루어진 것이 없었다. 진실된 친구를 만나고 싶었고 좋은 직장에 들어가 안정된 삶을 살고 싶었다. 주변 사람들은 모두 이런 삶을 누리고 있는 듯했다. 자기만 빼고 다들 행복해 보였다. 삶이 무의미하게 느껴진 여인은 그런 삶에 마침표를 찍기 전에 현명하다고 소문난 한 노인을 찾아가보기로 했다. 여러 사람이 힘들 때 그를 찾아가 조언을 듣고 도움을 받곤 했다. 여인이 노인에게 물었다.

"제가 살아야 하는 이유를 하나만 말씀해주실 수 있나요?"

나이 든 현자는 그녀를 유심히 살펴보더니 자기 집 뒤편에 멋지게 꾸며놓은 큰 정원으로 데려갔다. 다양한 식물이 정원을 가득 메우고 있었다. 그는 이렇게 말했다.

"저길 보시오. 고사리와 대나무가 있지요. 나는 두 식물을 같은 날에 심었다오. 그렇게 땅에 씨를 뿌리고 물을 주고 햇볕도 충분히 쬐게 했소. 얼마 후 어린 고사리가 땅을 뚫고 나와 모습을 드러냈소. 쑥쑥 자란 고사리는 한껏 아름다운 자태를 뽐냈다오. 반면 같은 날 심었던 대나무는 통 모습을 보이지 않았다오. 아예 싹이 나질 않았지. 하지만 나는 포기할 생각이 없었소. 고사리가 멋지게 자라는 동안 대나무는 2년이 넘도록 싹조차 보이질 않았소. 그럼에도 나는 정성껏 두 식물을 똑같이 돌봤소. 그러고는 3년의 세월이 흘러 고사리는 무럭무럭 자랐지만, 대나무는 여전히 보이질 않았소. 그래도 나는 희망을 버리지 않았다오. 4년째에도 마찬가지였지. 그로부터 두 해가 더 지나서 6년째가 되어서야 대나무의 작은 싹이 처음으로 땅 위로 모습을 드러냈다오. 그때의 행복감은 이루 말할 수 없었소. 눈에 잘 띄지는 않았지만 첫 싹을 틔웠으니 말이오.

그때부터 대나무는 거침없이 자랐소. 단기간에, 아마 몇 달 사이에 녀석은 길이 8미터가 넘는 거대한 식물로 자랐을 거요. 큰 줄기를 지탱하고 첫 어린 가지를 틔우게 할 만큼 뿌리가 튼튼해지려면 족히 6년은 걸리지. 일단 그 시간이 지나자 대나무는 고사리보다 훨씬 빨리 자라기 시작했다오. 이 이야기를 들으면 식물들도 저마다 고유한 운명이란 게 있음을 깨닫게 될 거요."

현명한 노인의 말을 경청한 여인은 그 말의 속뜻을 이해했다.

그리고 다시 삶을 살아갈 용기를 얻고는 기뻐했다.

"누구나 자신만의 삶의 속도를 가지고 있다."

주변을 한번 살펴보라. 사람들을 움직이는 것은 무엇인가? 사람들은 겉으로는 그럴듯해 보이지만 결코 완전무결할 수 없는 것들의 환상을 좇아 내달린다. 완벽에 도달할 수 있을 것처럼 보이는 유행, 풍조, 이념, 그리고 일상에서 마주치는 여러 현상을 추동하는 힘이 모두 이러한 착각에서 비롯된다. 당신도 그런 환상에 사로잡혀 있지는 않은가? 이런 상황을 아우렐리우스는 "등장인물들만 바뀔 뿐, 어디서나 똑같은 장면이 펼쳐진다"[3]라고 그 누구보다도 간결하게 묘사했다.

다들 남보다 뛰어나려고 애쓴다. 하지만 그렇게 애쓴 결과, 이렇다 할 성취를 이루지 못한 채 결국은 운명처럼 자기 갈 길을 가는 경우를 심심찮게 볼 수 있다. 이런 현상은 자신을 끊임없이 남들과 비교하는 성향에서 비롯된 것이다. 많은 사람이 남과 비교하는 데서 삶의 의미를 찾고 계속해서 스스로에게 불행의 씨앗을 뿌린다. 나에게 없는 무엇을 저 사람은 왜 갖고 있을까? 어째서 그는 저런 성과를 내는데 나는 그러지 못할까? 이런 질문을 던지는 동안 머릿속에는 다른 생각들이 들어설 여지가 사라진다. 이런 비교 행동은 흡사 눈에 보이지 않는 끈끈한 풀과도 같다. 비교하는 습관에 빠져드는 순간 당신은 마이너스섬 게임과 플러스섬 게임이 반복되는 제로섬 게임에서 벗어날 수 없다.

질투, 시기, 불행의 길이 아닌 영감과 가능성으로 가득한 길을 걸어가라. 다시 말해 플러스섬 게임을 선택하는 것이다. 당신이 할 수 있는 일을 하고, 당신이 할 수 있는 방법으로 하라. 남들과 비교할 필요가 없다. 여기서도 아우렐리우스의 말을 기억하면 좋다.

"한 시간에 세 번씩 자신을 저주하는 자에게 칭송받고자 하는가? 아니면 자신을 혐오하는 자의 마음에 들고자 하는가?"[4]

"누구나 자신만의
삶의 속도를 가지고 있다."

"누구나 자신만의
삶의 속도를 가지고 있다."

삶에서 그냥 주어지는 것은 없다

어느 작은 야자수에 관한 이야기다. 사막 오아시스 주변에 야자수 한 그루가 멋지게 자라 있었다. 그러던 어느 날, 지나가던 한 남자가 그 야자수를 보고는 다부지게 자란 모습을 못마땅하게 여겼다. 그래서 돌 하나를 집어 들고는 야자수를 타고 올라가 나무 꼭대기에 돌을 집어넣었다. 남자는 고소하다는 듯 가던 길을 갔다. 야자수는 머리 꼭대기에 얹어진 돌을 털어내려고 애를 써봤지만 소용이 없었다. 절망에 빠진 야자수에게 이제 방법은 하나밖에 없었다. 무거운 돌덩어리에 눌려 주저앉지 않도록 땅속 깊숙이 뿌리를 내려 자신을 지탱하는 것이었다. 그렇게 시간이 지나면서 야자수 뿌리는 오아시스 샘물이 있는 곳까지 뻗었다. 비록 돌을 털어내지는 못했지만 뿌리를 단단히 내린 야자수는 머지않아 오아시스 일대에서 가장 튼튼하고 강한 야자수로 거듭났다.

그로부터 몇 년 후, 야자수가 어떻게 됐는지 궁금해진 남자가 다시 오아시스를 찾았다. 흉측하게 변해 있을 야자수를 예상하며 즐거워한 남자는 혹여나 야자수가 말라 죽고 없다면 훨씬 더 통쾌할 것만 같았다. 하지만 일그러진 모습의 야자수는 어디에서도 찾아볼 수 없었다. 황당한 표정으로 서 있는 남자에게 깜짝 놀랄 일이 벌어졌다. 주변에서 가장 거대한 야자수가 남자가 있는 쪽으로 가지를 내려뜨리더니 이렇게 말하는 것이었다.

"그때 내 머리에 돌덩어리를 얹어줘서 고마워요. 그 무거운 짐이 오히려 나를 강하게 만들어주었답니다."

"충분한 내면의 투쟁을 거치지 않고서는 삶에서 중요한 어떤 것도 수확하지 못한다."

진정한 깨달음은 결코 쉽게 얻을 수 없다. 스토아 원칙에 따라 살아가더라도 자신이 깨친 지혜를 태어날 때부터 얻은 사람은 없다. "하늘에서 뚝 떨어진 영혼은 없다"라는 말은 틀린 게 없다.

현대인들은 삶이 희망곡 콘서트와 같다는 착각에 빠져 있다. 원하는 모든 것을 손쉽게 얻을 수 있는 사회에 살고 있기 때문이다. 하지만 원하는 것을 힘들이지 않고 얻을 수 있는 현실이야말로 위험천만하다. 성취에 대한 의지를 무디게 하기 때문이다. 그 결과, 뭔가를 진정으로 원하고 이를 위해 건설적인 방식으로 노력하려는 내면의 힘이 사라진다. 예컨대 우리는 어떤 물건이든 휴대폰 앱으로 주문하면 집 앞까지 편하게 배달받는 세상에 살고 있다. 다시 말해 원인과 결과 사이를 이어주는 행위의 시차가 크게 줄어들었다.

하지만 A에서 B로 갈 때 그 중간의 경로를 모른 채 이동한다면 당신은 중요한 것을 잃는다. A와 B 사이에 놓여 있는, 당신에게 중요한 깨달음을 줄지도 모를 소중한 경험을 놓치는 것이다. 깨달음은 언제나 몸소 경험하는 과정에서만 얻을 수 있다. 이는 스토아 철학을 실천하는 사람에게 삶이 일종의 투쟁임을 인정해야 한다는 뜻이기도 하다. 다만 그것은 남과의 싸움이 아닌 바로 자기 자신과의 싸움, 나의 통제되지 않은 충동과 벌이는 것이다. 그런 의미에서 에픽테토스의 "산다는 것은 투쟁이다"라는 말은 중요한 스토아 원칙 중 하나다.[5]

통제되지 않은 충동은 무분별한 행동을 부추기고, 바깥세상에서 벌이는 의미 없는 '작은 싸움'을 점점 키운다. 작은 싸움이 늘어나면서 정작 성품의 결함, 충동, 무질서한 사고 및 행동 따위와 벌여야 하는 '큰 싸움'은 잊히고 뒷전으로 밀려난다. 이러한 충동을 잠재우려면 극기가 필요하다. 스토아적 의미에서 극기를 가능케 하는 요인은 자기 통제, 단단한 내면, 의지력, 유연한 정신, 희생정신, 책임감 등이다. 독일의 문호 괴테는 말했다. "만사가 투쟁이며 고투이다. 사랑과 삶을 매일 같이 정복해 차지하는 자만이 그것을 누릴 자격이 있다."[6]

**“충분한 내면의 투쟁을 거치지 않고서는
삶에서 중요한 어떤 것도
수확하지 못한다.”**

“충분한 내면의 투쟁을 거치지 않고서는
삶에서 중요한 어떤 것도
수확하지 못한다.”

상황을 결정하는 건 나의 마음가짐이다 4

젊은이들이 즐겨 찾는 한 작은 카페에 늘 유쾌한 얼굴로 앉아 있는 노인이 있었다. 어느 날, 노트북을 펼쳐놓은 채 심각한 얼굴로 앉아 있는 한 학생이 노인의 눈에 띄었다. 한참을 그 자리에 앉아 있던 학생은 노인의 시선을 느끼고 잠시 노트북에서 눈을 뗐다. 눈이 마주치자, 노인은 상냥한 미소를 지어 보였다. 학생이 보내는 무언의 구조 요청에 응답하는 듯한 미소였다. 그러자 학생이 노인에게 말을 걸었다.

"실례합니다. 제가 이 카페를 자주 찾는데, 올 때마다 선생님은 늘 기분이 좋아 보이셨어요. 그런데 보시다시피 저는 그렇지 못하답니다. 그 비결이 뭔지 꼭 좀 알려주세요."

노인이 대답했다.

"비결이랄 것도 없어요. 제 삶은 평탄하지만은 않았고 좌절의 순간들도 많았지요. 하지만 늘 제게 일어나는 모든 일에서 좋은 점을 보려고 노력했어요. 어떤 일에 대해 우리는 항상 두 가지 태도를 취할 수 있는데, 사람들은 대부분 부정적인 시각을 택하지요. 이해하기 쉽게 두 가지 예를 들려줄게요."

노인이 말을 이어가자 학생이 귀를 쫑긋 세웠다.

"가령 나는 열차를 놓칠 때면 '왜 하필 나한테 이런 일이 일어날까? 이번에도 운이 나빴어! 여기서 10분을 더 기다리고 싶지 않아'라고 불평하지 않아요. 대신 이렇게 생각하지요. '괜찮아. 10분 후면 다음 열차가 도착할 거야. 그 시간을 이용해 멋진 햇살을 즐겨야지.' 집을 청소할 때가 되면 '아, 싫어. 지겨운 청소를 또 해야 하다니! 정말 지긋지긋해!'라고 불평하는 대신 이렇게 말하지요. '이봐, 지금 제대로 청소를 하면 집이 깨끗해지고 근사하게 보일 거야. 게다가 청소하면서 좋아하는 노래도 다시 들을 수 있잖아. 그럼 즐거움도 배가 될 거야.' 또 요리를 하다가 칼에 손을 베였다고 해봅시다. 그럴 때도 '말도 안 돼! 왜 자꾸만 나한테 이런 일이 일어나지? 손가락을 제대로 움직이려면 며칠을 더 기다려야 하잖아'라고 생각하는 대신 이렇게 말하지요. '에이, 괜찮아. 별 상처도 아니잖아. 곧 나을 거야. 다행히 집에는 반창고도 있지.'"

학생은 알았다는 듯 고개를 끄덕였고 노인이 전하고자 하는 말뜻을 이해했다. 이제 비로소 자신의 상황을 다른 눈으로 보게 되었고, 문제의 해답을 발견한 기분이었다.

"어떤 시선으로 바라보는지에 따라 같은 상황도 전혀 다른 의미가 된다."

스토아 원칙을 실천할 때마다 주의할 점이 있다. 자신을 괴롭히는 지나친 고행은 절대 피하라는 것이다. 무슨 의미일까?

유명한 스토아 철학자들의 삶을 살펴보면 그들의 태도에 어떤 자책의 흔적도 없음을 알 수 있다. 자신에게 닥친 일에 대한 후회나 죄책감, 심지어 자기 학대 등은 그들에게 낯선 일이다. 물론 더 나은 사람이 되려면 자신의 실수를 깨닫고 고쳐나가야 하겠지만, 일이 잘못되었다고 자신을 비난할 필요는 없다는 것이 스토아 철학자들의 생각이었다. 세네카는 건설적인 자기비판의 필요성에 대해서 "철학이 요구하는 것은 검소한 삶이지 속죄가 아니다"라고 말했다.[7]

물론 스토아주의자에게도 적절한 균형 찾기가 항상 쉬운 일은 아니다. 그래서 어떤 일이든 최선과 최악의 결과가 있을 수 있다는 마음가짐이 중요하다. 이를 염두에 두면 어떤 일의 결과가 양극단 중 어느 쪽을 향하든 가혹한 자기비판에 빠지지 않게 된다. 양극단 중 한쪽이 자기 희망 사항이라면 다른 쪽은 현실을 반영할 때가 많다. 그러므로 어떤 일을 할 때는 당신이 원하는 일만 일어난다고 생각하라. 이렇게 해서 당신은 운명이 당신 자신과 맞서지 않고 펼쳐질 수 있도록 내면에 충분한 자리를 마련할 수 있다.

결국 중요한 건 자기 자신의 시선을 가지고 마주하는 상황을 현명하게 바라보는 것이다. 안 좋은 상황에 지나치게 좌절하지 않고, 좋은 상황에 교만하게 반응하지 않는 내면의 균형을 유지하는 것이다. 어떤 일이 닥쳐도 쉽게 무너지거나 들뜨지 않는 자기 자신만의 삶의 기준을 가져라.

"어떤 시선으로 바라보는지에 따라
같은 상황도 전혀 다른 의미가 된다."

"어떤 시선으로 바라보는지에 따라
같은 상황도 전혀 다른 의미가 된다."

July

월

"행복한 삶을 만들기 위해 필요한 것은 거의 없다.
그것은 모두 당신 자신 안에 있고, 당신의 사고방식에 있다."

- 아우렐리우스[1]

진정한 부는 물질적 풍요가 아닌 내면의 자유이다

1

어느 평화로운 마을에 구두장이가 살고 있었다. 그는 가난했지만, 행복한 삶을 살고 있었다. 얼마나 행복했던지 매일 일할 때마다 노래를 흥얼거렸다. 항상 열려 있는 창문 아래 거리에서는 이웃집 아이들이 모여 그가 부르는 노랫소리에 귀를 기울이곤 했다.

그런 구두장이에게는 재산은 많지만 불행한 이웃 남자가 있었다. 그는 낮에는 구두장이의 노랫소리에 잠을 이룰 수 없었고, 밤에는 도둑이 찾아와 물건을 훔쳐 갈까 봐 걱정하며 뜬눈으로 지새웠다.

한번은 그 부자가 이웃에 사는 구두장이를 집으로 초대해 금화가 가득 든 주머니 하나를 선물했다. 구두장이는 이제껏 그렇게 많은 금화를 만져본 적이 없었다. 어디로 사라질까 봐 걱정될 정도로 엄청난 양의 금화였다. 밤이 되자 구두장이는 금화 주머니를 침대로 들고 왔다. 그런데 침대에 누워서도 온통 금화 생각에 잠을 이룰 수 없었다. 할 수 없이 주머니를 다락방에 따로 숨겨두기로 했다. 하지만 다음 날 아침이 되자 또다시 주머니를 벽난로 장작 뒤에 감췄다.

또 하루가 지나자 이번에는 금화를 마구간에 숨겨놓아야겠다는 생각이 들었다. 하지만 왠지 거기도 안전해 보이지 않았다. 불안을 떨칠 수 없었던 구두장이는 집 뒤편 정원에 구덩이를 파서 그 안에 주머니를 숨겼다. 온종일 금화에만 정신이 팔린 나머지 원래 하던 일은 내팽개친 지 오래였다. 창문 아래 거리에서는 더 이상 흥겨운 노랫소리도 들리지 않았다. 그의 노래를 들으려고 모여들었던 아이들도 어느덧 모습을 감추었다. 구두장이는 우울해졌고 불행한 사람이 되었다. 이렇게는 살 수 없다고 생각한 구두장이는 금화가 든 주머니를 구덩이에서 꺼내 이웃 남자를 찾아가 말했다.

"금화를 도로 가져가시오. 금화 생각에 병이 생기고 불행해졌소."

그 뒤로 구두장이는 예전의 행복한 사람으로 돌아왔고, 그가 부르는 노랫소리에 다시 이웃집 아이들이 거리에 모여들어 귀를 쫑긋 세웠다.

"물질적인 부에 얽매일수록 자기 존재를 잃는다."

주변에 놓인 아무 경제지나 펼쳐 읽어보라. 단숨에 부자가 되는 법을 알려주는 전문가들의 조언을 발견할 수 있을 것이다. 그뿐인가. 각종 매체에서 건강한 삶을 사는 비법을 말 그대로 퍼붓다시피 쏟아내고 있다. 이걸 해라, 저걸 해라, 그럼 당신은 건강한 몸으로 탈바꿈할 것이다! 그런데 주변을 둘러보라. 정말 우리 삶은 좋아지고 있는 걸까?

행복한 삶을 약속하는 온갖 조언 사이에서 현대인들은 길을 잃은 채 갈팡질팡하고 있다. 정답이라고 제시된 수많은 선택지 사이에서 내면이 분열된 현대인들을 두고 과연 행복하다고 말할 수 있을까?

진정한 부는 내면의 자유를 뜻한다. 그리고 스토아적 의미에서의 진정한 부는 자신에게 주어진 삶의 의무를 수행하고 그것에 헌신하는 것을 뜻한다. 삶의 목적에 맞게 행동하는 사람은 풍요로워진다. 흔히 자유라고 선전되는 예속 상태, 게으르고 현실과 타협하는 삶은 스토아 철학에서 말하는 자유로 인도하지 못한다. 올바른 일에 나서는 자만이 자유롭다. 프랑스의 유명한 작가이자 철학자인 알베르 까뮈는 "자유는 특권이 아니라 책무"라고 갈파했다.[2]

그렇다면 올바른 행동이란 무엇일까? 흔히 이런 질문을 던지면 특정한 책을 언급하거나, 정치인 또는 학자 등이 했던 말을 빌려서 대답하는 경우가 많다. 하지만 스토아주의자라면 다른 사람에게 강한 인상을 주거나 그런 인상을 받는 것과는 무관한 것이라고 답할 것이다. 아우렐리우스는 "네게 주어진 의무를 행할 때는 사람들이 너를 비방하든 칭찬하든 개의치 말라"고 했다.[3]

아니면 거꾸로 이렇게 말해도 좋다. 당신이 의무를 다하지 않는다면 남에게 존경이나 칭찬을 받을 수 있을지, 경멸받거나 비방을 당하지는 않을지 늘 신경 쓰게 될 것이라고. 그리고 그 결과 늘 다른 사람들의 기대에 걸맞는 일만 하는, 자유가 없는 삶을 살게 될 것이라고.

“물질적인 부에 얽매일수록
자기 존재를 잃는다.”

“물질적인 부에 얽매일수록
자기 존재를 잃는다.”

주어진 의무를 다할 때 진정한 자유가 찾아온다

2

아주 먼 옛날, 꽃과 나무와 풀이 말하는 것을 인간이 알아듣던 때가 있었다. 그런 시절에 어느 왕이 살고 있었는데, 그에게는 몹시 아끼던 훌륭한 정원이 있었다. 정원에는 거대한 야자수 여러 그루와 멋진 포도나무, 화려한 장미, 향기로운 야생초, 수많은 다채로운 꽃이 심겨 있었다. 왕은 매일 같이 정원을 거닐며 사과나무 그늘에 머물곤 했다. 그럴 때면 희귀한 장미들이 뿜어내는 향기를 즐기며 그 보드라운 꽃잎을 쓰다듬어주었다.

그런데 하루는 왕이 정원으로 통하는 대문을 지나던 중에 충격적인 장면을 목격했다. 큰 나무들의 잎과 꽃잎들이 시들어 축 늘어져 있었고 포도나무 열매마저 땅에 떨어져 나뒹굴고 있었다. 왕은 일일이 꽃과 나무를 찾아다니며 왜 그런 고통을 당하는지 이유를 물었다. 그러자 이런 대답이 돌아왔다. 사과나무가 잎을 축 늘어뜨리고 있는 이유는 정원에 있는 야자수만큼 키가 자라지 않아서였다. 야자수는 포도나무처럼 달콤한 열매를 맺지 못해 슬퍼했다. 또 포도나무는 정원의 장미만큼 유혹적인 향기를 내지 못해 체념에 빠졌다고 했다.

그때였다. 이 끔찍한 광경을 지켜보던 왕의 눈에 작은 삼색제비꽃 한 송이가 보였다. 꽃은 유쾌하게 공중으로 뻗어 오르고 있었다. 왕은 허리를 숙여 물었다.

"네 주변의 식물들은 모두 시들어 죽고 있는데 어째서 너는 이토록 아름답게 꽃을 피울 수 있느냐?"

그러자 삼색제비꽃이 대답했다.

"전하는 지금 제가 서 있는 이 자리에 아름다운 삼색제비꽃이 피기를 원하셨습니다. 그런 생각을 하면 저는 행복하답니다. 그렇지 않았다면 이곳에는 사과나무나 야자수, 장미나 포도나무가 자라고 있을 겁니다. 그러니 저는 제 본연의 모습으로 있고자 최선을 다하고 있습니다."

삼색제비꽃의 말을 들은 왕은 흡족해했고, 이를 다른 나무와 꽃들에도 널리 전했다.

"우리 본연의 모습대로 존재하는 것이 진정한 자유이다."

자유의 의미를 깨달은 사람은 의무를 행한다는 것의 의미도 잘 알고 있다. 자유와 의무는 밀접한 관계에 있다. 의무를 다한다는 것은 남들이 어떻게 생각하든 상관없이 올바르게 행동한다는 뜻이다. 중요한 의무들은 의지와 미덕의 힘으로 단박에 이행해야 한다. 아우렐리우스는 말한다. "누가 무엇을 하고 무슨 말을 하든 나는 선해야 한다는 의무를 느낄 뿐이다."[4]

자신에게 주어진 삶의 의무를 다할 때 당신은 진정한 의미의 부자가 되고 내면의 자유를 얻는다. 이 같은 자유는 이 세상에 단 하나뿐이며 온전히 당신만 누릴 수 있다. 이처럼 의무를 다함으로써 얻는 내적 풍요로움은 누구와도 나눌 수 없는 유일무이한 것이지만, 스토아 철학의 원칙들은 얼마든지 타인과 공유할 수 있다. 그러려면 무엇보다 그 원칙들을 솔선수범해 실천해야 한다. 그저 묵묵히 실천할 뿐 많은 말이 필요 없다. 중요한 것은 행동이고, 세상이 온갖 목소리를 내며 소란스러울수록 더더욱 그렇다. 이 역시 당신이 속한 공동체에 대한 스토아적 책임 의식에 따른 의무 중 하나다. 그리고 바로 거기서 당신은 물질적인 부만을 가치 있다고 하며 소비를 부추기는 사회가 퍼뜨리는 거짓된 자유와 무관한 진정한 행복을 찾게 될 것이다.

물론 주어진 일을 이루어내는 것은 절대로 만만치 않으며 오히려 피해 가는 쪽이 훨씬 쉽다. 하지만 스토아 철학을 익혀 삶을 바꾸고자 하는 사람이라면, 에픽테토스의 말을 가슴에 새기고 의지를 다질 수 있을 것이다.

"우리는 우리 의지를 지금 일어나는 모든 일과 일치시켜야 한다. 그래야 어떤 것도 우리 의지에 반해 일어나지 않고, 우리가 원하는 것은 모두 일어날 것이다."[5]

"우리 본연의 모습대로 존재하는 것이 진정한 자유이다."

"우리 본연의 모습대로 존재하는 것이 진정한 자유이다."

삶을 위해 배우는 게 아니라 삶과 더불어 배운다

옛날 아주 먼 나라에 대제국을 다스리는 왕이 살았다. 그는 오로지 백성들이 행복하게 살아가는 것을 바랐다. 그에게는 선친 때부터 곁에서 조언해주던 현명한 궁정 고문관이 있었다. 연로한 고문관은 왕을 찾아가 후임자를 구해달라고 청했다. 이제는 새로운 사람에게 자신이 하던 일을 넘겨줘야겠다고 판단한 것이다. 그리하여 왕은 나라의 현자들을 궁전으로 불러들여 친히 면접을 보았다. 모두 풍부한 학식과 교양의 소유자였다. 왕은 현자들의 지혜에 탄복했다. 하지만 그 스스로 유독 높이 평가한 한 가지만은 어떤 현자도 갖추지 못한 듯했다.

그런 왕의 고민을 알아챈 궁정 고문관은 지혜로운 백성이라면 누구나 참가할 수 있도록 선발 방식을 바꾸었다. 참가한 후보자들에게는 100여 개에 달하는 열쇠 꾸러미가 전달되었고, 이 열쇠 꾸러미로 육중한 철문을 한 번에 열도록 하는 과제가 부여되었다. 수많은 참가자가 다시 없을 행운을 잡고자 했지만 하나같이 좌절했다. 단번에 철문을 여는 데 성공한 사람은 아무도 없었다.

어느 날, 마침 그 나라에 머물고 있던 한 나그네의 귀에 철문에 관한 이야기가 들려왔다. 그는 용감하게도 왕궁을 찾아가 행운의 주인공이 되기로 결심했다. 마침내 육중한 철문 앞에 서게 된 나그네는 먼저 자물쇠를 자세히 들여다보았다. 이어 열쇠 꾸러미에 달린 100여 개의 열쇠는 물론 문틀을 포함해 철문 전체를 찬찬히 살폈다. 그런 다음 문손잡이에 손을 갖다 대고 힘껏 돌려보았다. 그러자 문이 활짝 열리는 것이 아닌가. 이 소식을 들은 왕은 기뻐서 어쩔 줄 몰라 하며 이렇게 말했다.

"그대는 진정 지혜롭구나. 도전에 정면으로 응하고 미혹에 빠지지 않았다. 그러면서 자신의 이성과 직감을 믿었다. 그대야말로 새로운 궁정 고문관이 될 적임자다!"

"알고자 하는 자는 매일 새로운 것을 얻는다."

학술 논문을 펼쳐보면 그 안에서 수많은 숫자와 통계, 현실의 복잡한 문제를 추상화한 여러 형태의 개념을 만난다. 스토아적 관점에서 보면 사물을 개념화하는 것은 실제 우리가 살아가는 현실과 사물의 내적 본질에서 멀어진다는 뜻이다. 일찍이 고대 그리스의 철학자 플라톤에게도 이 문제는 중요한 주제였다. 정육면체 같은, 이른바 '플라톤의 다면체' 물리학에서는 현실에 존재하지 않는 형태들은 찾아볼 수 없다. 우리가 사는 세계를 설명하는 기하학을 삶 속에서 발견할 수 없다면 그런 기하학이 어떻게 삶에 대한 깨달음을 전해줄 수 있단 말인가?

그런데 인식의 과정은 늘 여러 차원에서 이루어진다. 학교에서는 어떻게 배웠을지 몰라도 우리는 삶을 위해 배우는 것이 아니라 삶과 더불어 배운다. 즉 배움은 책으로만 가능한 것이 아니라는 뜻이기도 하다. 따라서 스토아주의자로서 깨어 있는 눈으로 현실을 보려면 일상에서 직감이나 본능적 느낌도 존중할 줄 알아야 한다. 우리의 육감도 머리와 더불어 생각하는 제2의 두뇌라 할 수 있다. 그러므로 기존에 획득한 정보와 자료를 직감을 통해 의미 있게 완성할 수 있다. 스토아적 의무로써 배움이란 여러 차원에서 동시에 일어나는 것으로, 삶의 크고 작은 일들을 모두 아우르고 있기 때문이다. 그러니 항상 열린 마음으로 새로운 것들을 받아들이는 자세가 중요하다. 에픽테토스도 이렇게 말했다. "사람이 이미 자신이 알고 있다고 생각하는 것을 습득하기란 어려운 일이다."[6]

“알고자 하는 자는
매일 새로운 것을 얻는다.”

“알고자 하는 자는
매일 새로운 것을 얻는다.”

삶에서 진정 중요한 건 눈에 보이지 않는다

아주 옛날 어느 먼 나라에 아름다운 섬이 하나 있었다. 이 섬에 살고 있던 것은 인간이 아닌 인간의 감정, 품성, 특성 들이었다. 거기에는 행복, 기쁨, 유머가 있는가 하면 슬픔과 불행도 있었고, 부유함과 함께 가난이, 지식과 함께 직감도 있었다. 한마디로 인간에게서 나올 수 있는 모든 감정과 상태가 그 섬에 살고 있었다. 물론 사랑도 빠질 순 없었다. 이들은 서로 잘 조화를 이루며 오손도손 살아가고 있었다.

그러던 어느 날, 섬 주민들 사이에 깜짝 놀랄 만한 이야기가 돌기 시작했다. 그건 다름 아닌 자신들의 아름다운 섬이 곧 바다에 잠길 것이라는 소식이었다. 그러자 섬에 사는 여러 '감정들'은 각자의 배를 깊은 바다에서도 끄떡없이 더 튼튼하게 만들어 바다로 탈출하기로 했다. 그런데 섬에는 출항이 어려운 배가 딱 한 척 있었다. 바로 '사랑'이 가진 배였다. 사랑의 배는 먼 항해에 적합하지 않기도 했고, 한편으로는 그 아름다운 섬을 너무 사랑한 나머지 출발을 최대한 지체하고 싶어 했다.

며칠 뒤, 마침내 섬이 바닷속으로 가라앉기 시작했다. 사랑은 주변에 있는 다른 감정들에게 외쳤다.

"이것 봐, 섬이 물에 잠기잖아. 날 좀 도와줘. 섬이 사라지고 있어."

사랑이 제일 호화로운 배를 거느린 '부유'에게 도움을 청하자 부유가 말했다.

"미안하지만 너를 데려갈 수 없어. 내 배는 은과 금, 다이아몬드로 꽉 차 있거든. 네가 있을 자리는 없어."

이번에는 크고 화려한 배를 가진 '긍지'에게 물었다. 긍지는 이렇게 대꾸했다.

"안 되겠어. 내 배는 모든 게 완벽하단다. 배에 흠이 생길 수도 있어서 너를 태울 수가 없어."

긍지의 말을 들은 사랑은 '슬픔'에게 달려가 도와달라고 했다. 그러자 슬픔이 말했다.

"아니, 사랑아, 무슨 소리니? 나는 늘 슬픔에 잠겨 있단다. 혼자 있어야 할 운명인가 봐."

그다음에 사랑의 눈에 띈 것은 '기쁨'이었다. 기쁨은 막 항구를 떠나는 중이었는데 기쁨에 겨워 사랑이가 외치는 소리가 귀에 들어오지 않았다.

그때 사랑을 부르는 소리가 들렸다.

"사랑아! 이리 와. 내 배에 자리가 있어."

사랑은 이루 말할 수 없이 기뻤다. 너무 기뻐서 마지막 순간에 자신을 구해준 은인이 누구인지 물어볼 생각을 하지 못 했다. 얼마 후에야 사랑은 그게 누구였는지 '지식'에게 물었다. 지식이 답했다.

"사랑아, 너를 배에 타게 해준 게 누구인지 궁금하지? 바로 시간이란다."

깜짝 놀란 사랑이 물었다.

"시간이 왜 나를 도와줬지?"

지식은 이렇게 설명했다.

"그건 간단해. 삶에서 중요한 게 뭔지 이해해주는 건 오직 시간뿐이거든."

"눈으로 보는 것은 지식이고, 가슴으로 아는 것은 확신이다."

사랑이나 인정, 선함과 같은 것들은 눈으로 볼 수 없다. 그런 따뜻한 마음을 알아채고 그 언어를 이해하고, 나아가 스스로 그것을 말할 수 있게끔 가슴으로 느끼지 못한다면 스토아주의자로서의 삶을 제대로 살아갈 수 없다. 도가 사상에서는 이런 말이 전해온다.

"생각의 선함은 깊이를 낳고, 베풂의 선함은 사랑을 낳고, 말 속의 선함은 진실을 낳는다."[7]

진실은 차가운 숫자를 통해 전해지기 힘들다. 하지만 오늘날 이 같은 시도가 자주 목격된다. 숫자는 사물이 작동하는 원리를 모방해 표현할 수는 있지만 그 본질까지 설명해주지는 못한다. 현대의 천체물리학은 우주 현상을 설명하는 공식을 무수히 발견했지만 우주가 존재하는 의미는 규명하지 못한다. 반면 우리 마음은 물리학적 상상력이 미치지 못하는 깊이에 도달할 수 있다.

스토아주의자라면 자기 자신과 세상의 본질이 무엇인지 깨닫기를 원한다. 그럼으로써 스토아 철학의 법칙을 충실히 따르고 자신의 운명에 따라 살아가고자 할 것이다. 이들을 이끄는 것은 조용히 마음속에서 들리는, 진실되게 머물도록 하는 내면의 확신이다. 그러니 내면의 불꽃, 마음속의 선함과 온정을 잘 지켜나가자. 에픽테토스는 이와 관련해 이런 조언을 남겼다.

"네가 하는 모든 일에 네 안의 선함을 잘 보호하라. 그 밖의 일에 대해서는 있는 그대로, 네 이성이 명하는 대로 받아들여라."[8]

내면의 불꽃을 잘 지킨다는 것은 곧 자기 자신을 잘 통제한다는 뜻이다. 이런 사람은 자신이 통제할 수 있는 것만을 통제한다는 스토아 철학의 핵심 원칙에 충실한 삶을 살게 된다. 마음속에서 들리는 소리를 무시할수록 유약하고 천박해지고 독단적이고 무능력해진다. 내면세계를 하나로 묶어주는 힘을 거부하기 때문이다.

반면 마음속에서 들리는 소리를 따르는 사람은 가슴을 하늘에 둔 것만큼이나 마음속에 하늘을 품고 있다. 흔히들 인정 많고 착한 사람은 유약하고 남에게 쉽게 휘둘린다고 한다. 그런 사람들은 사고력을 우습게 알고 남보다 계산적이지 못하다고 한다. 하지만 도가에서는 "부드러운 것이 단단한 것을 이기고, 연약한 것이 강한 것에 승리한다"고 말한다.[9]

"눈으로 보는 것은 지식이고,
가슴으로 아는 것은 확신이다."

"눈으로 보는 것은 지식이고,
가슴으로 아는 것은 확신이다."

행복은 의외로 단순하다 5

아주 오래전, 지금은 지도에서 사라진 나라에 신비로운 사원이 하나 있었다. 사원을 누가 지었는지, 왜 지었는지는 아무도 몰랐다. 사원 내부에는 수많은 거울이 달려 있어서 '거울 사원'이라는 이름이 붙여졌다. 그러던 어느 날, 주인 없는 개 한 마리가 길을 따라 사원 쪽으로 걸어왔다. 숲속에서 나무들이 듬성듬성해지며 환해지는 곳을 지나던 중 예기치 않게 활짝 열린 사원의 대문과 맞닥뜨린 개는 그 앞에 우뚝 멈춰 섰다. 그리고 조심스럽게 대문으로 다가가더니 잠시 멈칫하다 결국 안으로 들어갔다. 거울과 그 효과에 대해 알 턱이 없었던 녀석은 그 자리에서 돌처럼 굳었다. 개 수천 마리에 포위되었다고 굳게 믿었던 것이다. 녀석은 으르렁거리며 마구 짖어댔다.

사방을 둘러봐도 자신을 향해 짖어대는 개들밖에 보이지 않았다. 무수히 많은 성난 개들이 날카로운 이빨을 드러냈다. 녀석이 개들 쪽으로 움직이자 건너편 개들도 다가왔다. 급기야 녀석은 혼비백산한 채 사원을 벗어나 숲으로 도망쳤다. 한참을 달려 사원이 눈에서 사라지자 비로소 안심했다. 이렇게 끔찍한 경험은 난생 처음이었고 앞으로도 절대 잊지 못할 것 같았다.

사원에서의 일을 겪은 후로 그 개는 이제 세상의 개들이 모두 자기의 적이라고 믿기 시작했다. 세상이 끔찍하고 두렵고 적의로 찬 곳으로 돌변했다. 자연히 다른 개들을 피하게 되었고 다른 개들도 녀석을 피했다. 그러면서 외로운 생활을 이어갔고, 사악하고 부당한 세상을 원망하며 하루하루를 지냈다.

몇 년 후, 또 다른 개 한 마리가 거울 사원에 도착했다. 사원 대문이 활짝 열려 있자 그 개 역시 기대와 호기심에 이끌려 사원 안으로 들어갔다. 물론 거울이 뭔지, 거울에 뭐가 비치는지 알지 못하기는 녀석도 마찬가지였다. 그렇게 사원에 들어가자마자 수많은 개가 자신을 둘러싸고 있는 것이 보였다. 그러자 녀석은 주둥이를 움직여 미소를 짓기 시작했다. 사원 내부의 어느 곳을 보든 자신을 향해 웃음 짓는 개들의 모습이 보였다. 녀석은 기쁜 나머지 반갑게 꼬리를 흔들었다. 이에 주변에 있던 개들도 일제히 꼬리를 흔들며 그 따뜻한 인사에 답했다. 녀석은 더없이 행복했다.

지금까지 살면서 이런 환상적인 경험은 처음이었다. 녀석은 한참을 사원에 머물며 다른 개들과 신나게 놀면서 행복한 시간을 보냈다. 지금 이 순간이야말로 생애 최고의 시간이었고, 이때부터 온 세상이 마치 '개들의 사원'처럼 느껴졌다. 세상의 개들이 모두 자기 친구가 되리라는 걸 믿어 의심치 않았다. 녀석은 만족스럽고 행복한 삶을 살았고 한 번도 외톨이인 적이 없었다. 수많은 개와 만나며 친구가 되었고 어딜 가든 항상 인기가 많았다.

"행복은 우리 마음속 날알을 먹고 사는 새와 같다."

전하는 말에 따르면, 기원전 3세기경 로마의 집정관이었던 아피우스 클라우디우스 카에쿠스Appius Claudius Caecus가 처음으로 "행복의 주인"이라는 말을 사용했다고 한다. 행복! 이 얼마나 좋은 말인가. 그런데 오늘날 사람들이 말하는 행복은 보여주기식에 지나지 않는 것 같다. 너도나도 자기를 과시하고 싶어 한다. 부와 명예를 거머쥔 유명 스타처럼 삶이란 붉은 카펫 위를 걸으며 플래시 세례를 받으며 모두의 찬사를 받고 싶어 한다. 과연 그런게 진정 자신의 행복일까? 스토아주의자로서 자기 행복의 주인이 된다는 것은 이와 전혀 다른 의미다.

스토아 철학에 따르면 삶의 행복은 규율, 인내, 덕목을 통해 만들어진다. 그리고 그 중심에는 복잡하지 않고 단순한 사고와 행동이 자리하고 있다. 고대 그리스의 유명 철학자인 데모크리토스Democritos는 "행복은 재산이나 황금 안에 들어 있지 않다. 행복감은 영혼 속에 살고 있다"[10]는 말을 남긴 바 있다.

스토아 철학을 실천하는 당신은 행복한가? 그렇다면 당신은 삶의 의미를 실현하며 살아가는 동시에 자유인이기도 하다. 다만 자유만큼 오해하기 쉬운 개념도 없다. 현대인들은 자유의 의미에 대해 많이 착각한다. 부끄러움을 모른 채 앞뒤 가리지 않는 태도는 자유가 아니라 방종이다. 누군가의 자유는 타인의 자유가 제한되거나 구속되지 않는 선에서만 허용된다. 어떤 사람이 행복한 사회의 일원이 될 수 있는지에 대해 세네카는 이렇게 정의했다. "남보다 앞서가는 자가 아니라 스스로 행복하다고 여기는 자가 진정 행복한 것이다."[11]

그러므로 모든 것은 개개인 자신에게서부터 시작된다. 자신의 행복을 만들어내는 주인이 되려면 무엇보다 내면과 외부 세계를 연결해 이 둘을 단단히 묶어놓아야 한다. 그것이 바로 의지력, 의욕, 일의 성공을 하나로 이어주는 정신의 끈이다. 그 바탕에는 스토아적 삶의 지혜가 자리하고 있는데, 그중에서도 으뜸은 자기 생각의 통제다. "행복은 의식을 다스림으로써 생겨난다"[12]고 한 달라이라마 역시 같은 생각인 듯하다.

**"행복은
우리 마음 속 난알을 먹고 사는
새와 같다."**

"행복은
우리 마음 속 난알을 먹고 사는
새와 같다."

August

월

"날 믿게나. 참된 기쁨이야말로 중요한 문제라네."

- 세네카[1]

내 삶에 확신이 들 때 변함없는 기쁨이 온다

1

오래전 고대 그리스에서 있었던 일이다. 아테네 성문 앞에 한 노인이 앉아 있었다. 아테네로 가는 사람은 누구나 그 노인을 지나칠 수밖에 없었다. 어느 날, 한 이방인이 노인을 보더니 멈춰 섰다.

"어르신, 이 도시의 사정은 어떻습니까? 주민들은 별일 없습니까?"

노인은 대답했다.

"그대가 최근에 갔던 곳은 사정이 어땠소? 그곳 주민들의 형편은 어땠소?"

"아주 친절하고 좋은 사람들이었습니다. 그곳에서 정말 행복한 시간을 보냈지요. 제가 어려울 때마다 도움을 아끼지 않았고 상냥하고 인심도 후했습니다.

"그랬다면 다행이로군."

그러면서 노인이 이렇게 덧붙였다.

"이 도시 사람들도 그럴 것이오."

다음 날, 다른 지역 출신의 또 다른 사내가 노인에게 오더니 물었다.

"어르신. 이 도시 사정이 어떻습니까? 여기 사는 사람들은 어떻습니까?"

그러자 노인이 되물었다.

"그대가 마지막으로 머물렀던 도시는 사정이 어땠소? 그곳 주민들은 어땠소?"

이방인은 흥분한 목소리로 답했다.

"정말 놀랐습니다. 도시 전체가 끔찍했지요. 하나같이 형편없는 인간들이었고, 저한테 못되게 굴지 뭡니까. 불친절하고 도움 같은 건 아예 기대할 수도 없었지요."

그러자 노인은 이렇게 대답했다.

"그렇다면 이 도시와 주민들도 다르지 않을 듯하오."

"지혜로운 자의 기쁨은 바깥이 아닌 내면을 향해 있다."

세네카는 "표면적인 기쁨은 그 토대가 튼튼하지 못하다"고 했다.[2] 스토아 철학을 따르는 당신이 느끼는 기쁨은 다른 사람들이 고성능 슈퍼카를 보면서 느끼는 기쁨과는 다를 것이다. 스토아적 기쁨은 물질적인 것이 주는 덧없는 기쁨이 아니기 때문이다.

세네카가 언급한 튼튼한 토대란 스토아주의자가 지닌 내면의 힘을 말한다. 현대인들은 기쁨의 진정한 의미를 모르고 있다. 사람들의 대화를 듣고 있으면 항상 무언가에 대해 기뻐하면서 그 대상이 끝없이 바뀌고 있다는 인상을 받곤 한다. 그런데 그들의 눈을 가만히 들여다보면서 한번 진지하게 물어보라. 정말로 기쁜 삶을 살고 있는지. 아니면 억지로 기쁨을 덧씌운 삶을 살고 있는 것은 아닌지?

스토아 철학에서 기쁨은 결코 일시적인 미소나 웃음으로 표출되는 감정적 행위가 아니다. 스토아주의자에게 기쁨이란 밖으로 드러나는 유쾌함이 아닌 보다 깊은 차원의 깨어 있는 상태를 의미한다. 참된 기쁨은 진지한 깨달음과 원칙에 따라 생각하고 행동한다는 확신에서 비롯된다. 스토아주의자는 올바른 일을 하는 자신을 의식함으로써 기쁨을 느낀다. 이런 기쁨은 주체할 수 없을 만큼 과도하거나 변덕스러운 법이 없다. 또 밖으로 드러나기보다는 내면을 향한 채 절제되어 있다. 세네카는 이렇게 말한다. "지혜가 가져다주는 것은 변함없는 기쁨"이라고.[3]

각자의 사명에서 비롯된 이 기쁨은 그 사명을 실천으로 옮겨야 한다는 의무감에서 생겨난 것이기도 하다.

“지혜로운 자의 기쁨은 바깥이 아닌 내면을 향해 있다.”

“지혜로운 자의 기쁨은 바깥이 아닌 내면을 향해 있다.”

누구나 완벽하지 않기에 성장할 수 있다

고대 그리스에 나이 지긋하고 지혜로운 스토아 철학자가 살고 있었다. 그는 제자들에게 한 가지 부탁을 했다. 숲속 나무꾼을 찾아가서 어째서 수많은 나무를 베면서도 한 그루만은 그냥 놔두는지 물어보라고 한 것이다.

제자들은 나무꾼을 찾아가 한 그루의 나무를 베지 않는 이유를 물어보았다. 나무꾼은 아무짝에도 쓸모가 없어 보여 나무를 베지 않았다고 했다.

"한번 보시오. 얼마나 볼품없고 가지는 뒤틀리고 옹이가 많은지. 누구도 이 나무로는 쓸 만한 판자를 만들 수가 없소. 불쏘시개로도 어림없지요. 알아두시오. 이 나무를 태우면 고약한 냄새가 진동하고 지독한 연기를 내뿜을 것이오. 하도 독해서 눈이 멀 수도 있소. 이 나무를 베지 않은 건 그 때문이오."

제자들은 스승에게 돌아가 나무꾼에게 들은 이야기를 전했다. 철학자는 잠시 미소를 짓더니 말했다.

"그러니 너희들도 그 나무처럼 되거라."

"지혜로운 자에게 실수는 새로운 발견으로 향하는 문이다."

현대 사회는 완벽주의를 추구한다. 한 치의 어긋남 없이 몸에 딱 맞춘 듯한 옷차림, 가구들의 색상이 정확히 조화를 이룬 인테리어, 언제 어디서나 기술적 완벽함을 선사하는 과학기술 등을 떠올려보라. 사람들은 완벽하지 않은 것은 쓸모없고 자연스럽지 않다고 평가한다. 하지만 완벽한 것, 모난 데 없이 매끈한 것은 더 이상 살아 있는 것이 아니며 창조적 생명력 역시 지니고 있지 않다. 불완전한 것이야말로 자연스러운 아름다움을 지니고 있으며, 오히려 우리를 사로잡고 감각을 일깨운다.

고대 이집트 사제들은 전 우주를 통틀어 어디에도 완벽한 원은 실재하지 않는다고 생각했다. 그런 원을 머릿속으로는 계산할 수 있어도 우주론적 관점에서 보면 일종의 환상이자 그럴싸한 이상적 관념일 뿐이라는 것이다. 이런 이유로 고대 이집트인들에게 완벽한 원은 곧 완전한 삶이고 영원을 상징했다.[4]

그런데 우리는 영원 속에 살고 있지 않으며, 시공간이 존재하는 세상에 살고 있다. 설령 고대 이집트인들처럼 영원을 추구할지라도 지금 우리가 있는 '이곳'에선 찾을 수 없다. 스토아 철학의 원칙 중 하나는 활동적인 삶을 살아가라는 것이다. 맡겨진 의무를 다하는 것에 기반한 그런 삶은 사물을 판단할 때 완전함과 불완전함, 미와 추 같은 세속적인 기준을 내세우지 않음을 뜻하기도 한다. 자기 내면의 확실한 기준으로 도덕적 사고와 행동이 균형을 이룬 가운데, 당신은 시작뿐 아니라 끝에 대해서도 주의를 기울여야 한다. 그렇게 하면 실패를 막을 수 있다. 하지만 완벽함을 바라는 사람은 삶의 경험을 통해 그것이 착각임을 깨닫게 될 것이다. 완벽은 행동의 적이다. 그래서 에픽테토스는 이렇게 말했다. "우리는 마음먹은 일을 이루지 못할까 봐 그것을 포기해서는 안 되네."[5]

어떤 사물을 대할 때는 통상적인 의견이나 이념에 따른 것이 아닌, 그 자체의 모습을 받아들이도록 노력하라. 사물의 본성과 성질을 파악하고 그것을 둘러싼 정황을 제대로 알아라. 아우렐리우스의 조언을 새기고 행동하면 완벽의 함정에서 벗어날 수 있을 것이다.

"이 길이 가시밭길이거든 돌아서 가라! 더 말해 뭣 하랴! 왜 성가신 것이 존재하는지를 두고 무슨 생각을 그렇게 많이 하는가? 그런 생각은 자연을 탐구하는 이들의 비웃음만 살 뿐이다."[6]

"지혜로운 자에게 실수는
새로운 발견으로 향하는 문이다."

"지혜로운 자에게 실수는
새로운 발견으로 향하는 문이다."

삶의 모든 순간과 경험을 유용하게 활용하라

고대 아테네의 한 저명한 철학자에게 애제자가 있었다. 나이 많은 그 제자는 암탉과 어울려 놀기를 좋아했다. 그러던 어느 날, 다른 도시에 사는 사냥꾼이 찾아와 암탉과 놀고 있는 제자의 모습을 목격했다. 노인이, 그것도 유명한 철학자 밑에 있는 사람이 자기 집 마당에서 가축과 어울려 노는 모습에 그는 충격을 받았다. 사냥꾼은 노인에게 다가가 물었다.

"암탉과 장난칠 만큼 그렇게 한가하시오? 그대가 어떤 사람인데 시간을 허비하시오? 이 닭은 나중에 깃털을 뽑아 잡아먹기 위해서 기르는 거잖소."

그러자 노인은 놀란 눈으로 사냥꾼을 바라보았다.

"이 암탉과 놀면 안 되는 이유라도 있소?"

사냥꾼이 대답했다.

"철학에 대해선 아예 모르는 짐승이기 때문이오."

노인이 사냥꾼에게 되물었다.

"그럼 말해보구려. 어째서 그대가 들고 있는 활의 시위는 팽팽하게 당겨져 있지 않소?"

사냥꾼이 의아해하며 대답했다.

"그건 활에도 좋지 않소. 줄이 팽팽한 채 있으면 장력이 약해지고 언젠가는 아예 사라지니까. 그럼 화살을 쏘아도 위력이 없을 것이오."

이 말을 들은 노인이 미소를 지어 보이며 말했다.

"이보시오, 당신 활을 종종 이완시켜주는 일이 중요한 것처럼 내게도 이따금 긴장을 풀고 쉬는 것이 필요하다오."

사냥꾼은 잠시 생각하더니 무슨 말인지 알아챈 듯했다. 그러자 노제자가 이렇게 덧붙였다.

"내가 이 암탉과 놀면서 긴장을 풀지 못한다면 집중력을 요구하는 일에 더 이상 기력을 낼 수 없을 것이오."

"걸음을 내딛는 것만큼 멈춰 쉬는 시간도 중요하다."

어떤 일을 하기로 마음먹었을 때 조금 시도해본 뒤에 잘 풀리지 않으면 아무 일도 없었다는 듯이 계획을 접어버리는 사람들이 많다. 하지만 스토아 철학을 따르는 이들은 다르다. 실패의 순간이야말로 긍정적 의미에서의 도전을 뜻하기 때문이다. 그리하여 삶에서 어떤 어려움을 만나도 적절하게 대처한다. 그러니 삶이 당신에게 제공하는 모든 순간과 경험을 항상 유용하게 활용하라.

삶에서 주어진 모든 것은 당신에 의해 좋게 쓰이기를 원한다. 그럴 때 비로소 자신에게 마련된 운명도 성취된다. 이 과정에서 당신은 저절로 새로운 것들을 배우며 성장해나간다.

여기서 중요한 점은 완벽주의가 당신의 적이 되지 않도록 하는 것이다. '이 정도면 괜찮아'라고 자족하는 당신에게 딴지를 거는 심술궂은 상대로 만들지 말라는 뜻이다. 삶의 곳곳에서 만나는 비현실적인 이상주의에 발목을 잡힐 위험이 크기 때문이다.

아우렐리우스는 "자연이 지금 이 순간 네게 요구하는 것을 하라"고 했다.[7] 이 '지금'은 언젠가가 아니다. 항상 지금 이 순간을 말한다. 또한 당신이 내딛는 걸음걸음에 스스로 만족할 때만 일을 성공리에 마칠 수 있음을 뜻한다. 당신이 걷는 모양새를 두고서 자신을 비난하지 말자. 프란츠 카프카가 "길은 그 위를 걸어감으로써 생긴다"고 한 말을 기억하자.[8]

자기 방식대로 일하고, 그렇게 거둔 성공을 축하하면 된다. 그런 성취 하나하나가 다음 성취를 향하는 길에서 등대가 되어 당신이 걸어가는 길을 비출 것이다. 종종 작은 걸음이 큰 걸음보다 훨씬 빨리 그리고 멀리 당신을 이끌어주기도 한다. 보폭이 너무 넓으면 삶에 대한 조망을 잃기 쉽다. 그러니 힘차게 나아가다가도 때로는 천천히 주변을 살피며 가기도, 멈춰 서서 쉬기도 하며 삶의 모든 순간을 생생히 음미하자.

스토아 정신에 부합하는 올바른 행동을 하고 있다는 내적 확신 속에 매사에 임하자. 이로써 뻔한 변명과 핑계로 자신을 속이며 잘못된 길로 빠지는 것을 막을 수 있다. 삶은 끊임없이 흐르는 물결과 같다. 그런 의미에서 세네카의 말을 새기며 주어진 일을 시작해 보자.

"우리 선조들은 많은 일을 해냈지만 끝까지 마무리 짓지는 못했다."[9]

“걸음을 내딛는 것만큼
멈춰 쉬는 시간도 중요하다.”

“걸음을 내딛는 것만큼
멈춰 쉬는 시간도 중요하다.”

고통을 끝내는 건 내게 달렸다

4

로마 성문 앞에 자리한 어느 시골 마을에 농부가 살고 있었다. 그는 로마의 장터로 당나귀를 타고 가 농장에서 키운 신선한 채소를 판매하곤 했다. 로마로 갈 때마다 강을 건너야 했던 농부는 강을 손쉽게 건널 수 있는 수심이 얕은 지점을 잘 알고 있었다. 다만 강바닥에는 돌과 바위가 많아 강을 건널 때마다 당나귀에서 내려야만 했다.

어느 날, 다시 그 수심이 얕은 곳에 도착했을 때 농부는 평소보다 강물이 깊다는 사실을 깨달았다. 퍼붓듯 쏟아진 비에 강물이 급격히 불어난 것이다. 이대로 강을 건넌다면 엉덩이까지 흠뻑 젖을 게 뻔했다. 화가 난 농부는 크게 투덜대며 불만을 쏟아냈다.

"우리 마을 사람들은 왜 내 채소를 사지 않지? 왜 나 대신 아내가 로마로 가지 않는 거야? 아니, 이놈의 당나귀는 왜 이렇게 다리가 짧아? 다리만 길었어도 내가 젖을 일은 없었을 텐데. 도대체 장마철도 아닌데 비는 왜 내린 거야?"

그러더니 이번에는 강물을 향해 욕설을 퍼부었다.

"망할 놈의 강, 이렇게 젖은 채로 로마로 간다는 게 말이 돼? 천하에 몹쓸 강 같으니. 물은 왜 이렇게 많이 흘려보내지? 내가 돈을 못 벌어오면 다 네 책임이야. 내가 화내는 건 다 너 때문이라고."

농부는 차디찬 강물에 멈춰서서 점점 더 흥분했고, 급기야 지팡이를 들더니 욕설과 함께 강물을 사정없이 후려쳤다.

잠시 후, 차가운 강물에 들어가 다리가 흠뻑 젖은 당나귀가 농부 곁을 벗어나 강가 쪽으로 걸어가기 시작했다. 이윽고 강가에 도착한 당나귀는 농부의 행동을 가만히 지켜보고 있었다. 농부는 여전히 지팡이로 강물을 사정없이 내리치고 있었고, 몸은 점점 더 많이 젖었다. 반면 당나귀의 다리는 삽시간에 말라버렸다. 급기야 농부는 한기에 몸이 떨리고 콧물이 흐르고 재채기까지 하기 시작했다.

여전히 분이 풀리지 않았던 농부는 어쩔 수 없이 당나귀 등에 올라타 마을로 돌아가기로 했다. 그렇게 둘은 다시 길을 나섰고, 농부는 당나귀에게 자기가 강물에게 어떤 벌을 주었는지 시시콜콜 설명했다. "이 빌어먹을 강물이 나를 화나게 할 작정이었어. 내가 감기에 든 것도 모두 녀석 탓이야. 어쨌거나 녀석을 흠씬 두들

겨 패서 못된 짓에 대한 죗값을 받게 했지."

이처럼 농부가 아무런 교훈도 얻지 못한 탓에 강물은 그 뒤로도 계속해서 농부에게 벌을 받게 되었다.

"쉬운 길은 약한 자를 위해 있고, 어려운 길은 강한 자를 위해 있다."

자기 삶에 책임을 지지 않고 책임 밖의 것을 위해 시간을 허비할 때 괴로움이 찾아온다. 아우렐리우스는 이렇게 말했다. "너는 고통을 수없이 겪어왔다. 그것은 너의 이성을 본연의 목적에 맞게 사용하지 않았기 때문이다."[10]

지금 내가 어떻게 생각하고 행동할지 결정하라! 지금 이 순간 적절히 대처한다면 그 같은 상황은 미래에 두 번 다시 찾아오지 않을 것이다. 두려워하던 것 중 실제로 생긴 일이 얼마나 되는지 한번 생각해보라. 그동안 자신도 모르게 뭔가에 휩쓸리듯, 나중에 후회하게 될 방식으로 대처한 상황들이 얼마나 많았던가? 괴로움과 좌절, 또는 동기 부족으로 인해 행한 일들이 결국 잘못된 길로 이끈 적이 얼마나 많았던가? 괴로움으로 인해 여러 가지 부정적인 일이 벌어지고 삶이 한때나마 흔들렸다면 이제 스토아주의자로서 그와 반대되는 길을 가야 한다는 것을 이해했을 것이다.

삶에서 중요한 일은 불필요한 것을 최소한으로 줄이고 내가 내리는 결정에 관여하지 못하게 하는 것이다. 불필요하게 말을 많이 하는 것이 대표적인 예다. 도가에서는 "말이 많으면 아는 것이 적고 아는 것이 많으면 말이 적다"고 했다.[11]

이런 일이 어렵고 불편할 수도 있다. 가령 직장 생활을 하면서 이 원칙에 충실하기란 무리에 가깝다. 하지만 철학은 사람들에게 보여주기 위한 멋진 묘기 같은 것이 아니다. 세네카는 스토아 철학에 관해 오늘 하루를 달콤하게 즐기려고 사용되는 것이 아니라고 했다.[12]

스토아 철학의 임무는 새롭게 삶을 살도록 하고 삶에 질서를 가져다주는 데에 있다. 그리고 이렇게 만들어진 질서는 당신을 자신의 고유한 운명에 가까워지게 하면서 점점 하나로 일치시킨다. 이 운명은 당신이 행하는 모든 일의 총합으로 당신이 태어나기 전부터 정해져 있었다. 이제 당신에게는 이를 실행에 옮기는 일만 남아 있다. 그러니 왜 의심하고 망설이는가? 왜 고통스러워하는가? 괴테는 말했다. "거치적거리는 돌을 가지고도 아름다운 건물을 지을 수 있다."[13]

"쉬운 길은 약한 자를 위해 있고
어려운 길은 강한 자를 위해 있다."

"쉬운 길은 약한 자를 위해 있고
어려운 길은 강한 자를 위해 있다."

September

9월

"자연이 바라지 않으면 모든 게 헛수고다."

- 세네카[1]

자신에게 심취하지 말고 강한 의지력을 키워나가라

1

다윗 왕이 다스리던 시절에 고대 예루살렘에서 있었던 일화다. 유명한 두 화가 집단이 왕궁의 새로운 벽을 장식할 화려한 벽화를 그리겠다고 경쟁에 나섰다. 이들은 서로 가장 아름다운 벽화를 그릴 수 있다고 자신했다. 하지만 왕은 이들을 왕궁 내 다른 장소인 접견실로 보내 그곳의 벽화를 그리게 했다.

왕궁 접견실은 중앙에 쳐진 장막에 의해 두 구역으로 나뉘어 있었다. 화가들에게는 각각 주어진 구역의 벽화를 그리게 했다. 작업이 끝나면 장막을 걷어 올려 어느 쪽이 승자가 될지 왕이 직접 보고 결정하기로 했다.

화가들은 왕의 분부대로 작업에 나섰다. 그런데 이들의 작업 방식이 확연히 달랐다. 한쪽은 왕국 전역에서 가져온 가장 고운 빛깔의 물감을 사용해 벽을 칠하기 시작했다. 반면 다른 쪽에서는 물감이 든 항아리를 가져오는 대신 눈앞의 벽을 매끈하게 다듬어 반짝반짝 빛나게 만들 뿐이었다.

한쪽 화가들이 다채로운 물감을 섞어 벽화를 완성하자 다른 쪽에서도 작업을 끝냈다는 소식을 전해왔다. 그러자 물감을 쓴 쪽이 상대편을 향해 항의했다.

"어떻게 벽화가 완성되었다고 주장할 수 있소? 당신들은 벽에 붓칠 한 번 하지 않았잖소. 벽 어디에 그려진 그림이 있소?"

그러자 상대편은 이렇게 응답했다.

"직접 장막을 열어보시오. 우리 중 누가 더 훌륭한지 눈으로 확인할 수 있을 거요."

이윽고 왕궁 접견실을 절반으로 가른 장막을 열어젖히자 모두 깜짝 놀랐다. 붓질 한 번 하지 않은 쪽의 벽이 예루살렘에서 가장 고운 빛깔의 물감을 동원해 그린 쪽의 벽과 똑같이 화려하게 빛나고 있는 것이 아닌가. 신화를 소재로 한 한쪽의 그림들을 다른 쪽에서도 똑같이 볼 수 있었다. 최고의 솜씨로 정성스럽게 치장된 그 벽은 너무나 매끄러운 나머지 엄청난 크기의 거울처럼 보였다. 이에 감격한 왕은 물감을 일절 쓰지 않은 화가들을 칭찬하고는 거대한 거울 벽 앞으로 다가갔다. 그러자 거울 속에 왕의 자태가 고스란히 비쳐 보였다.

"하고 싶지 않다는 것이 진정한 이유이고 못한다는 것은 변명일

뿐이다."

수많은 고대 및 근대 철학자들과 마르틴 루터 같은 종교 사상가들이 자유 의지라는 문제로 골머리를 앓았다. 지금도 자유 의지는 꽤 매력적인 주제로 사람들 입에 자주 오르내리고 있다. 그런데 정말 자유 의지라는 것이 있을까?

스토아 철학의 관점에서 보자면 진정으로 의지가 자유로워지려면 자신이 존재하는 목적, 즉 (궁극적 행복을 의미하는) 예정된 운명의 실현까지 원할 수 있어야 한다. 일찍이 세네카는 "너의 행복을 믿어라. 그러면 너는 행복을 불러올 것이다"라고 했다.[2] 그 세네카 역시 오늘날 화제가 되는 '끌림의 법칙'을 모르지 않았던 것 같다.

행복은 행복을 불러온다. 우주에서는 같은 것끼리 서로 모이는 경향이 있다. 내면이 깨어 있는 자, 지금 현재에 머무르는 자는 생각에 의한 왜곡이 없어 외부 세계가 투명하게 드러나는 미묘한 차원에서 세상에 영향을 줄 수 있다.

나아가 의지를 에고와 구분할 필요성이 있다. 스토아 철학과 많은 점에서 유사한 동양의 지혜에서는 '절정 경험peak experience'에 대해 자주 언급한다. 이것은 어떤 상태를 말하는 걸까? 스토아적 절제력과 덕목을 실천하며 강한 의지력을 키워나갈수록 고도의 집중 상태에 가까워진다는 것이다. 여기에 도달하는 순간 두 가지 길이 열린다. 즉 주의력을 집중시킴으로써 이기적 사고에서 벗어나거나, 아니면 정반대로 자신의 에고에 완전히 통제될 수 있다. 그 결과 스스로를 한 차원 끌어올리거나 타락할 수도 있고, 에고에서 자유로워지거나 반대로 에고의 포로가 될 수도 있다.

세네카는 "살기를 바라는가? 자네는 정말 그럴 능력이 있는가?"라고 물었는데,[3] 의지력을 모을 때 나타나는 이 같은 '절정 경험'의 심리학은 철학과 영성에 심취한 이들이 어째서 실패를 맛보고 에고와 의지를 혼동하는지를 설명해준다.

원하는 것과 할 수 있는 것은 완전 별개의 일이다. 둘은 전혀 다른 세계에 속한다. 다만 이 두 가지가 합쳐질 때 의지력은 더없이 막강해진다. 달리 표현하면 원하기는 쉽지만 해내기는 쉽지 않다. 그런데 의지력을 발휘하는 것이야말로 스토아주의자로서 걸어가는 길에 성공을 약속하는 확실한 보장이다. "발전한다는 것은 본질적으로 발전하고 싶어 하는 것을 말한다."[4]

"하고 싶지 않다는 것이 진정한 이유이고 못한다는 것은 변명일 뿐이다."

"하고 싶지 않다는 것이 진정한 이유이고 못한다는 것은 변명일 뿐이다."

불굴의 의지를 발휘하는 동시에 유연하게 머물러라 2

숲속에 개구리 한 마리가 살고 있었다. 개구리는 온종일 신과 세계에 관해 생각하는 철학자였다. 하루는 멀리서 지네를 관찰하며 이런 걱정을 했다. 네 다리로 뛰는 것도 힘든데 그보다도 훨씬 더 많은 다리로 움직이려면 도대체 얼마나 힘들까. 어떤 발부터 먼저 내디딜까 매번 결정해야 할 텐데 얼마나 고민이 많을까.

개구리는 이에 대해 지네에게 물어보기로 했다.

"안녕, 지네야. 너한테 궁금한 게 한 가지 있단다. 오래전부터 고민했던 문제인데, 나 혼자서는 해결하기 어렵구나. 너는 대체 그 많은 다리로 어떻게 움직이니? 도저히 상상이 안 되는구나."

지네가 깜짝 놀라 대답했다.

"어떻게 그럴 수 있냐고? 난 항상 그렇게 돌아다니는걸. 태어나서 지금까지 늘 그랬어. 아무튼 그런 질문을 받았으니 한번 생각해볼게."

지네는 자기가 어떻게 움직이는지 골똘히 생각해보았다. 똑똑한 개구리가 제대로 질문을 던진 것 같았다. 지금까지 어떻게 했던 거지? 어느 발부터 먼저 움직여야지? 이런 생각에 빠진 지네는 꼼짝하지 않고 제자리에 멈춰 섰다. 무수히 많은 발 가운데 어느 것도 움직일 수 없었던 지네는 결국 비틀거리며 넘어지고 말았다.

"상황에 맞게 적응하기를 거부하는 자는 진정한 의지가 없는 자이다."

진정한 힘은 강인한 육체에서 나오는 것이 아니라 유연하면서도 굴하지 않는 정신에서 비롯된다. 이는 스토아 원칙에 확고히 뿌리를 내리는 동시에 끝없이 변화하는 세상 속에서 유연하게 작용하는 의지를 말한다.

당신의 의지는 이처럼 땅속에 단단히 뿌리를 내린 나무와 같아야 한다. 뿌리가 굳건한 나무의 가지들은 바람에 흔들릴망정 절대 부러지지 않는다. 여기서 나무의 뿌리는 삶 속에서 당신이 있어야 할 자리를 정해준 운명을, 가지는 당신 앞에 놓인 다양한 길을 상징한다. 모든 나무는 하늘을 향해 자란다. 스토아주의자의 생명의 나무도 마찬가지다. 비록 순간순간에는 달리 보일지라도 언젠가 모든 길이 목표로 향한다는 확신에 차 있다.

스토아 철학과 비슷한 점이 많았던 독일의 철학자 쇼펜하우어는《의지와 표상으로서의 세계》에서 이런 말을 남겼다.

"인간은 전체가 그의 의지의 현상에 불과하므로 성찰에 근거하여 있는 그대로의 자신과 다른 무언가가 되고자 하는 것만큼 잘못된 일도 없다. 그것은 의지가 자기 자신과 직접적으로 모순되는 일이기 때문이다."[5]

누구나 살면서 이런저런 문제 앞에서 자기만의 뚜렷한 주관을 가지고 행동해본 경험이 있을 것이다. 그런데 조건과 상황이 변하면서 그에 맞게끔 대처해야 하는 경우도 부지기수였을 것이다. 이런 경우 유연하게 사고하면 의지를 발휘할 때도 유연해질 수 있다. 이런 사람은 자기 원칙과 관련해 굽힐 줄 몰라도 얼마든지 상황에 맞게 적응할 줄 안다. 그렇게 하지 않을 경우 인생의 바람이 거세지면 금방 넘어지는 숨 쉬는 로봇에 불과해진다.

삶에서 중요한 스토아 원칙의 방향만 잃지 않는다면 유연한 태도는 약함이 아니라 강함을 뜻한다. 합리적인 유연성을 지닌 사람은 다른 사람이 현혹당하는 것들에 저항력을 갖고 쉽게 굴복하지 않는다. 독일 낭만주의 작가 요제프 폰 아이헨도르프Joseph von Eichendorff는 말했다. "해야 하는 것을 진심으로 원하는 자는 원하는 것도 할 수 있다!"[6]

"상황에 맞게 적응하기를 거부하는 자는 진정한 의지가 없는 자이다."

"상황에 맞게 적응하기를 거부하는 자는 진정한 의지가 없는 자이다."

삶의 행로에 대해 선불리 해석하지 말라

수년간 삶의 비밀을 찾아 세상 구석구석 안 가본 데가 없는 인도인 남자가 있었다. 하지만 그는 아무리 세상을 돌아다녀봐도, 또 열심히 책을 뒤져보아도 삶의 비밀을 찾아내지 못했다.

어느 날, 식사할 곳을 찾다가 어느 마을에 도착한 남자는 마을 사람들로부터 신비로운 우물에 관한 이야기를 듣게 되었다. 그 마법의 우물이 삶의 비밀에 관한 대답을 들려줄지 모른다는 것이었다. 깨달음에 목말랐던 남자는 곧바로 우물을 향해 길을 떠났다. 자신이 왜 살아야 하는지 알고자 하는 열망에 길을 가면서도 전혀 배고픈 줄을 몰랐다.

며칠 뒤, 남자는 우여곡절 끝에 우물가에 도착했다. 그리고 곧바로 우물에 대고 큰 소리로 물었다. "저에게 주어진 삶의 과제는 무엇입니까?" 그러고는 우물에 귀를 갖다 댔다. 잠시 후 이런 대답이 들려왔다. "마을로 돌아가거라. 그곳 사거리에 네가 찾던 것이 있다."

남자는 행복과 희망에 부풀어 마을로 향했고, 드디어 두 길이 교차하는 지점에 다다랐다. 그런데 눈앞에 보이는 것은 상점 세 곳이 전부였다. 첫 번째 상점에서는 철사를, 두 번째는 목재를 팔았고, 세 번째는 철물점이었다. 그런데 우물은 뭐라고 말했던가? 여기서 삶의 비밀을 찾을 거라고 하지 않았던가. 하지만 그의 눈에는 삶의 중요한 비밀을 밝혀줄 어떤 단서도 보이지 않았다. 남자는 크게 낙담했다.

다시 우물가로 돌아간 남자는 우물에 대고 외쳤다. "아무것도 찾지 못했소. 우물이여, 제발 당신의 말이 무슨 뜻인지 설명해주시오." 그러자 "언젠가는 알 것이다…"라는 대답만 울려 퍼졌다. 남자는 조급해졌고, 화가 나 항의도 했지만 돌아오는 건 자신의 목소리뿐이었다. 남자는 비열한 속임수에 넘어갔다고 울분을 터뜨렸다. 그는 마을로 돌아가는 대신 계속해서 대답을 찾아 이리저리 돌아다녔다.

세월이 흐르고 우물가에서 있었던 일도 남자의 기억에서 희미해졌다. 달이 구름을 뚫고 환히 빛나는 어느 밤이었다. 돌연 남자의 귓가에 마법 같은 아름다운 음악 소리가 들려왔다. 뛰어난 연주 솜씨에 홀린 듯 음악 소리를 따라간 남자는 악기 연주자와 마주쳤다. 연주자는 전혀 힘들이지 않은 채 민첩하게 손가락을 움직이며 시타르Setar(인도의 전통악기)를 치고 있었다. 남자는 기쁨에 벅찼고 행복에 취했다.

그런데 순간, 그 아름다운 연주를 들려주는 악기가 나무와 철, 철사로 만들어졌다는 사실이 생각났다. 오래전 먼 마을에 있던 세 곳의 가게에서 봤던 것들이 머릿속에 떠올랐다. 당시만 해도 가게들에 있던 물건의 가치를 미처 알지 못했다. 하지만 이제는 그 의미를 깨닫게 되었다. 각각의 부분은 그것이 속한 전체 속에서 비로소 의미를 갖고 자신의 사명을 찾는다. 이것이 바로 우물 속에서 들려온 목소리가 남자에게 전하려던 메시지였다.

남자는 더없이 감사한 마음으로 손수 시타르 제작에 나섰다. 상상할 수 있는 가장 아름다운 소리를 내는 악기를 만들고 싶었다. 그렇게 세월이 흘러 남자는 직접 시타르를 연주하는 연주가가 되었고, 남은 인생은 자신이 연주하는 악기 소리로 사람들의 마음을 사로잡고 싶었다. 시타르를 연주하는 시간이 길어질수록 삶의 비밀에 대한 답을 찾기도 쉬워졌다. 그리고 그의 놀라운 음악이 삶의 의미에 대한 영감을 주었다고 말하는 이들이 하나둘 생기기 시작했다.

"삶에 대해 모든 것을 알고, 통제할 수 있다는 착각을 버려라."

세네카는 이런 말을 남긴 바 있다.

"운명의 여신에게 이미 속지 않는 한, 그로부터 타격을 받는 사람은 없다."[7]

세네카의 말은 우리 삶에서 빈번하게 일어나는 상황을 설명한 것인데, 특히 삶이 보내는 신호와 경고에 아랑곳없이 직접 운명을 통제하려는 인간의 욕심을 경고한다. 흔히 사람들은 어떤 일에 확신이 들면 실행에 옮기려고 한다. 그 일은 마음속에서부터 전적으로 동의하는 어떤 계획일 수 있다. 하지만 무언가 잘못되거나 예기치 못한 일이 벌어지기도 한다. 그러면 사람들은 경로에서 벗어난 기분을 느끼며 도망치듯 다른 길을 선택한다. 하지만 그 길은 내면의 확신이 부족했기에 가고 싶지 않았던 길이다. 그 결과 다시 실패를 맛보고 상황은 전보다도 나빠진다.

대체 무슨 일이 벌어진 걸까? 우리는 운명을 따라가야 하지만 운명의 카드를 들여다볼 수는 없다. 마치 밤중에 차를 몰고 깜깜한 시골길을 달리는 상황과도 같다. 운전석에 앉은 우리는 전조등이 밝혀주는 만큼만 전방의 길을 볼 수 있다. 그럼에도 계속 앞으로 달리다 보면 어느새 주행거리는 점점 쌓여간다. 그러므로 장차 어떻게 펼쳐질지 알 수 없는 삶의 행로에 대해 미리 해석하려 하지 말자. 만약 해석하려 시도한다면 앞서 세네카가 말한 것과 같은 일이 벌어진다. 하지만 그렇지 않은 경우라면 세네카의 이 말을 기억하자. "해야 할 많은 일을 볼 때마다 용기가 솟구친다."[8]

"삶에 대해 모든 것을 알고,
통제할 수 있다는 착각을 버려라."

"삶에 대해 모든 것을 알고,
통제할 수 있다는 착각을 버려라."

두려움에 맞서는 단단한 내면의 장벽을 쌓으라

강물에도 저마다 사연이 있다. 수많은 탐험가가 찾아 나섰지만, 번번이 발견에 실패한 어느 먼 나라에 강 하나가 흐르고 있었다. 사람의 발길이 닿기 힘든 높은 산에서 시작된 강은 수천 킬로를 흘러 마침내 어느 황량한 모래사막에 도달했다. 여느 강처럼 끝없이 나아가려는 의지로 충만했던 강은 모래사막을 지나 자기 갈 길을 가고자 했다. 하지만 곧 역부족임을 깨달았다. 강물은 모래 사이를 얼른 지나가려고 했지만, 어느새 모래 틈으로 스며들곤 했다. 그럼에도 강물은 이 뜨거운 모래사막을 벗어나는 것이 자신의 운명임을 믿어 의심치 않았다.

그때 모래에서 속삭이는 소리가 들렸다.

"바람이 사막을 지나가듯이 강물도 사막을 지나 흘러갈 수 있어."

"뜨거운 모래가 강물을 모조리 빨아들이는데 어떻게 그게 가능하지? 내가 바람이라면 사막 위로 날아갈 수 있지만 나는 강물인걸."

모래에서 이런 대답이 들려왔다.

"네가 하던 식으로 이 사막을 통과하려 한다면 성공하지 못할 거야. 그러면 강물이 모래로 스며들거나 강이 늪처럼 변하고 말 거야."

낙심한 강물은 좋은 수가 없냐고 물었다. 모래는 이렇게 대답했다.

"네 사명이 있는 곳, 저 다른 쪽으로 사막 위로 부는 바람이 너를 데려가도록 놓아두면 돼."

그러려면 어떻게 해야 하냐고 다시 묻는 강물에게 사막의 목소리가 말했다.

"네가 할 일은 오직 하나, 바람을 믿고 바람이 데려가도록 내맡기는 거야."

사막의 말이 미심쩍었던 강물이 이의를 달았다.

"그러면 내 정체성이 사라질 거야. 나 자신을 잃어버리면 언제 어디서 나를 다시 찾지?"

"바람은 해야 할 일이 있어. 물을 들어 올려 함께 모래언덕 위를 날아가는 일이야. 그러고서 바람이 강물을 자유롭게 풀어주면 강물은 빗방울이 되어 땅으로 떨어지지. 땅에 닿은 물은 다시 강물이 될 거야."

"그런데 그 이야기가 사실이라는 걸 내가 어떻게 믿지?"

사막의 목소리가 다시 설명했다.

"그건 진실이야. 하지만 네가 정 믿지 못하겠으면 네 운명은 그걸로 결정되는 거야. 모래 속으로 스며들든지 늪으로 변하든지 둘 중 하나겠지. 그러려면 몇 년이 걸릴 거야. 그럼 너는 두 번 다시 강으로 돌아갈 수 없어. 새로운 풍경들을 보며 굽이굽이 흘러가는 일도 없을 거야."

마침내 강물은 저항을 그치고 바람이 자신을 들어 올리도록 허락했다. 이윽고 둘은 함께 날아서 사막 위를 지났고 여행이 끝나자 바람은 강물을 다시 땅 위로 내려보냈다. 그렇게 떨어진 물들이 모여 다시 강물을 이루었다.

"두려움을 모르면 슬픔도 모른다. 슬픔을 모르는 자에게 행복은 아주 가까이 있다."

우리는 두려움 때문에 내리는 결정이 우리 삶에 얼마나 많은지 짐작조차 못 할 것이다. 또 그렇게 내린 결정이 자신은 물론 타인의 삶에 어떤 놀라운 결과를 초래하는지는 더더욱 모를 것이다. 세네카는 이렇게 조언한다. "얼마나 오래 사는가는 내게 달려 있지 않지만, 진정한 삶을 사는지 아닌지는 내게 달려 있다."[9]

이로써 세네카는 누구든지 죽음을 두려워할 필요가 없음을 전하려 했다. 죽음은 이 세상에 존재하는 것이라면 모두 겪어야 할 운명이기 때문이다. 세네카는 또 "죽음을 태연히 바라보라. 죽음의 두려움을 이겨내면 더 이상 슬픈 일은 없다"고 했다.[10]

두려워할 것이 하나 있다면 그것은 두려움에 가로막혀 참된 삶을 살지 못하고 자신에게 주어진 인생행로를 따라가지 못하는 것이다. 당신이 두려움에 굴복해 당신의 삶 안으로 들여올 때 두려움은 그림자처럼 평생 우리 위에 드리워져 따라다닌다. 그동안 얼마나 많은 것을 두려워했는지 마음속으로 곰곰이 살펴보라. 또 두려움에 사로잡힌 나머지 얼마나 큰 손해를 입었는지 생각해보고, 이 같은 결과가 나의 두려움과 어떤 관계에 있었는지를 성찰하자.

이런 까닭에 스토아 철학자들은 두려움에 맞서 단단한 장벽을 친 내면의 성채를 강조한다. 성채를 보호하는 장벽은 바로 나의 의지다. 강한 의지를 바탕으로 행동에 나설 때 말 그대로 두려움은 그 장벽에 튕겨 나가면서 위력을 잃는다.

이때 중요한 역할을 하는 것이 바로 유일하게 나의 통제하에 있는 것, 즉 내 생각을 통제하는 일이다. 어떤 행동을 할 때, 두려워하지 않기로 결정할 권한을 쥐고 있는 것이 바로 우리 생각이기 때문이다. 그래서 세네카는 말한다. "두려움 없음을 전제로 하지 않는 행복은 없다."[11]

하지만 조심하자! 내면의 성채가 정복당할 수 있는 길이 하나 있다. 바로 외부의 길이 아닌 내부로부터의 길이다. 전해오는 이야기에 따르면 영원의 도시 로마는 내부에서 성문이 열린 탓에 함락당하지 않았던가.

"두려움을 모르면 슬픔도 모른다.
슬픔을 모르는 자에게 행복은
아주 가까이 있다."

"두려움을 모르면 슬픔도 모른다.
슬픔을 모르는 자에게 행복은
아주 가까이 있다."

October

10월

"벌집에 해로운 것은 벌들에게도 해롭다."

- 아우렐리우스[1]

철학은 말로 끝나지 않고 행동으로 이어진다

1

먼 옛날 동방의 나라에서는 간밤에 꾸었던 꿈에 각별한 의미를 두는 것이 관습처럼 퍼져 있었다. 그래서 도시나 시골이나 할 것 없이 사람들이 꿈 이야기를 들려주면 그것을 풀이해 앞날을 점쳐 주는 사람들이 있었다.

아라비아반도 남부에 걸친 제국을 다스리는 술탄은 어느 날 꿈을 꾸고 두려움과 공포에 떨기 시작했다. 그는 갑자기 이가 모두 빠지는 꿈을 꾸었다. 다음 날 아침, 겁에 질린 술탄은 전속 해몽가에게 달려가 꿈에서 본 것을 들려주었다. 이야기를 다 들은 해몽가는 술탄에게 이렇게 말했다.

"전하, 송구스럽습니다만 슬픈 소식이 하나 있습니다. 전하의 가까운 친척들처럼 전하도 이가 빠지실 것 같습니다."

술탄은 놀라서 몸이 굳었다. 그리고 불같이 화를 내며 해몽가를 거짓말하는 사기꾼으로 몰아세우더니 결국엔 호위병을 불러 깊은 지하 감옥에 가두라고 했다.

여전히 분을 삭이지 못한 술탄은 또 다른 해몽가를 불러들였다. 꿈의 내용을 들은 해몽가는 이렇게 말했다.

"아, 전하, 기쁜 소식을 전해드리게 되어 참으로 다행입니다. 전하는 모든 선대 어르신과 친척들보다 더 오래 사시는 운명으로 간택된 분이십니다. 그분들보다 더 오래 사실 운을 타고나셨습니다."

술탄은 한껏 기분이 좋아져서 그에게 넉넉한 사례금을 건넸다. 이야기를 엿듣고 있던 재정 대신이 깜짝 놀라 해몽가에게 다가가 물었다.

"도대체 어찌 된 일이오. 당신은 전하께 사실상 전임 해몽가가 했던 것과 다를 바 없는 이야기를 들려드렸는데, 그자는 지하 감옥에 갇혔고 당신은 후한 보상을 받았잖소?"

그러자 이런 대답이 돌아왔다.

"우리는 둘 다 전하의 꿈을 똑같이 해몽했소. 하지만 중요한 건 어떤 말을 들려줄지 선택하는 것이지요."

"내 경험을 풍성하게 담아낸다면, 같은 말과 행동도 더욱 빛나는 법이다."

스토아 철학의 원칙을 적용한다는 것은 이 원칙을 바깥세상으로 가져가 널리 전파한다는 것을 뜻한다. 세네카가 "철학이 가르치는 것은 행위이지 말로 떠드는 것이 아니다"[2]라고 분명히 말했듯이, 그것은 많은 말로써 이루어지지 않는다.

오래된 아랍 격언이 하나 있다.[3] 그에 따르면 우리는 어떤 말을 입 밖으로 내뱉기 전에 세 개의 문을 통과해야 한다. 첫 번째 문에 서 있는 파수꾼은 이렇게 묻는다. "이 말이 사실인가?" 두 번째 문에서는 "꼭 필요한 말인가?" 그리고 마지막 세 번째 문의 파수꾼은 "호의적인 말인가?"라고 묻는다. 이 세 가지 질문에 모두 그렇다고 대답할 수 있을 때 비로소 그 말을 해도 좋다는 것이다.

결론은 이렇다. '널리 퍼뜨려 알려라!' 이 말은 스토아주의자들에게 효율적이고 전통적인 설득의 수단을 쓴다는 것을 뜻하기도 한다. 제논은 "혀보다는 발을 헛디뎌 비틀거리는 편이 낫다"고 했다.[4]

그러니 이성적이고 신중하고 확고한 자세로 선한 영향력을 발휘하는 말과 행동을 하라. 여기서 확고하다는 것을 전해오는 가르침의 글자 하나하나에 충실해야 한다는 의미로 오해하지 않도록 하자. 아는 것을 글자 그대로 전달하기보다는 자신의 경험으로 풍성하게 만들면서도 스토아 원칙에 충실하자는 것이다.

중요한 것은 내면의 덕이 환히 빛나게 하는 일이다. 고대 그리스의 철학자 헤라클레이토스Heracleitos가 이런 말을 했다고 전해진다. "우리 인간 또한 불빛이 밝혀지거나 다시 꺼지기도 한다."[5] 그러므로 사는 동안 스토아 철학에서 말하듯 우주를 가득 채우며 흐르는 이성의 빛과 같은 존재가 되어야 한다. 물론 이성을 논하고 이성적으로 사고하는 것과 이성을 행동으로 보여주는 것은 전혀 다른 문제다.

스스로 구원자 또는 문제 해결사처럼 나서지 않도록 한다. 다만 행동에 나서면서 스스로도 뭔가를 배우고 새로운 것을 경험할 가능성이 열린다면 그 결정은 오로지 자기 자신에게 달렸다. 그럴 때는 적절한 상대와 의논하면 좋다. 세네카는 다음과 같은 의미심장한 말을 남겼다.

"뜻이 맞는 상대 없이는 행복해질 수 없다."[6]

이 경우 고려할 또 다른 규칙이 있다. 늘 말보다는 행동이 더 훌륭해야 한다는 것이다. 그럴 때 비로소 다음과 같은 말이 현실이 된다.

"남에게 도움을 주는 자는 자신에게도 도움을 주는 법이다."[7]

“내 경험을 풍성하게 담아낸다면,
같은 말과 행동도 더욱 빛나는 법이다.”

“내 경험을 풍성하게 담아낸다면,
같은 말과 행동도 더욱 빛나는 법이다.”

자기 자신을 올바르게 이용하라

2

클라라는 성탄절이 다가오자 조카에게 선물을 주려고 동생 집을 찾았다. 동생 부부의 인사 소리를 들은 어린 조카 테아가 급히 달려와 클라라를 반갑게 맞아주었다. 클라라가 조카의 손에 용돈을 쥐여주자 아이의 얼굴이 환해졌다. 잠시 어디론가 사라졌던 조카가 기쁜 얼굴로 다시 달려와 말했다.

"이모, 이것 봐요. 내 돼지 저금통이에요."

클라라는 조카의 머리를 쓰다듬고는 대견스럽다는 듯 웃었다. 그러자 테아가 물었다.

"클라라 이모, 돈만 있으면 뭐든지 다 살 수 있나요?"

"테아야. 뭐든 다 살 수는 없단다. 하지만 몇 가지 소원은 이룰 수 있지."

테아가 다시 말했다.

"돼지 저금통에 돈이 많이 있으면 좋겠어요."

클라라가 호기심에 물었다.

"그 많은 돈을 어디에 쓰려는지 이모한테 말해줄래?"

"엄마가 그랬어요. 나하고 놀아주기 위해 잠시라도 시간을 살 수 있으면 좋겠다고요. 엄마를 위해 시내로 가서 시간을 사주면 안 돼요? 엄마랑 내가 함께 놀 수 있게 말이에요."

조카의 말을 들은 클라라는 가슴이 뭉클해졌다. 그리고 엄마를 위해 시간을 살 수 있도록 애써보겠다고 약속했다. 클라라가 부엌으로 향하자 열심히 청소 중인 동생의 모습이 보였다. 동생은 클라라에게 고민을 털어놓았다.

"할 일은 태산인데 성탄절까지는 채 2주도 안 남았고, 아직 선물도 못 샀어."

클라라는 동생에게 돼지 저금통을 보여주며 자초지종을 이야기했다. 어린 테아가 저금한 돈으로 엄마랑 보낼 시간을 사고 싶어 한다는 것을 말이다. 울컥한 동생은 앞치마를 벗어던지고 지친 기색으로 털썩 의자에 앉았다. 클라라는 돌아가기 전에 동생의 손을 다정하게 붙잡고 말했다.

"아이들이 자라면 깨끗하게 치운 부엌이나 반짝반짝 닦인 창문은 떠올리지 못하겠지만 너와 함께 보낸 시간만은 또렷이 기억할 거야."

동생은 언니의 말에 고마움을 전했다. 그러고는 자리에서 일어나 그렁그렁한 눈으로 딸이 있는 방으로 향했다.

"현자는 성공 여부가 아닌 의도만 바라본다."

스토아 철학에 따르면 사람들이 살면서 해야 할 일은 두 가지뿐이다. 하나는 선하고 정의로운 사람이 되는 것, 다른 하나는 자신의 운명과 소명, 천직과 책무를 충실히 따르는 것이다. 이 일들을 진심 어린 애정을 쏟아서 해야 한다. 그렇지 않고서 일시적인 만족감을 주는 일에만 관심을 쏟는다면 인생 전반을 봤을 때 소중한 삶의 에너지를 낭비하는 것과 마찬가지다. 또한 고유의 잠재력을 펼치기도 힘들다. 가령 이런 식이다. 창조적 인간이라면 자기가 가는 길에 맞는 창조성을 발휘해야 한다. 큰돈을 벌거나 명예를 거머쥐는 일과는 크게 상관이 없다. 만일 부와 명예라는 이 두 가지 유혹을 따라간다면 본래의 창조성과 재능에서 점점 멀어지고 결국엔 고갈될 것이다. 그래서 세네카는 이렇게 말한다.

"여러 사람에게 유용한 자만이 살아 있는 사람이다. 자신을 올바르게 이용할 줄 아는 사람만이 살아 있는 사람이다."[8]

어떤 일을 할 때 이 두 가지 스토아 원칙을 명심한다면 자연스럽게 자신의 소명 또는 천직을 따라 나아갈 것이다. 주어진 운명의 길을 걸어가는 일이 하나도 힘들게 느껴지지 않는다. 대체로 문제가 생겼을 때 당황하는 것은 내면의 의지력을 불러오는 것을 잊어버렸기 때문이다. 그들은 외부에 정신이 팔린 나머지 잘못된 길로 빠진다. 그러니 세네카의 말을 명심하자.

"자연이 원치 않으면 어떤 일도 헛수고일 뿐이다."[9]

"현자는 성공 여부가 아닌
의도만 바라본다."

"현자는 성공 여부가 아닌
의도만 바라본다."

정직하지 못한 언행은 부메랑처럼 돌아와 나를 맞힌다

3

부유한 상인이 있었다. 그는 도둑맞을까 봐 두려워 거액의 돈을 천에 꿰매 보관했다. 그런데 어느 날 그의 귀중한 천 꾸러미가 감쪽같이 사라지는 일이 벌어졌다. 낙심한 상인은 100탈러에 달하는 보상금을 내걸었다. 얼마 후, 그 천 꾸러미를 발견한 어떤 정직한 사람이 그를 찾아왔다. 이루 말할 수 없이 기뻤던 상인은 곧장 천에 싸여 있던 돈을 헤아려보았다.

그런데 상인은 그 와중에 어떻게 하면 돈을 찾아준 사람에게 보상금을 적게 줄 수 있을지 이리저리 머리를 굴렸다.

"원래 천 꾸러미에 800탈러의 돈을 꿰매어두었는데 지금 보니 700탈러밖에 남지 않았구려. 그대가 이미 보상금을 직접 꺼내 간 모양이오."

천 꾸러미를 발견한 사람은 극구 부인하며 자신은 보상금에

연연하는 사람이 아니라고 단언했다. 자기는 남을 속일 줄 모르기 때문에 도둑질을 했다는 비난은 도저히 용납할 수 없다고 했다.

두 사람은 한동안 옥신각신하다 결국 법정에서 시비를 가리기로 했다. 이들은 현명한 재판관을 앞에 두고 각자 자기식대로 상황을 설명했다. 상인의 음흉한 의도를 직감하기라도 한 듯 재판관은 다음과 같이 판결했다.

"누군가는 800탈러가 들어 있는 천 꾸러미를 잃어버렸고 또 누군가는 700탈러가 들어 있는 꾸러미를 발견했다면, 이 둘은 똑같은 꾸러미라고 보기 어렵다. 따라서 700탈러가 든 천 꾸러미를 발견한 사람은 진짜 주인이 나타날 때까지 이를 보관할 의무가 있다. 800탈러가 들어 있는 천 꾸러미를 잃어버린 사람은 그것이 어딘가에서 다시 발견될 때까지 기다리도록 한다."

"정직이야말로 가장 대담한 형태의 용기다."

정직함과 솔직함은 스토아주의자로서 갖추어야 할 내면의 긍정적인 힘을 이루는 자연스러운 일부다. 일상에서 이런 표현을 얼마나 자주 쓰는지 떠올려보라. "솔직히 말해서…", "너한테 있는 그대로 말할게…", "툭 터놓게 말하자면…". 장담컨대 이렇게 말하는 사람에게서 정직함을 기대하기란 어렵다.

스토아주의자에게 정직은 매일 실천해야 할 중요한 원칙이다.

자기 자신에게 정직하면 자연스럽게 주위에도 정직한 사람이 된다. 그런데 정직한 삶은 미리 계획할 수 있는 것이 아니다. 그렇게 해보기로 작정하고 하는 것도 아니다. 정직하게 살아보겠다는 결심이야말로 정직하지 못한 길로 가는 첫걸음이 된다. 아우렐리우스는 "이제 정직하게 굴어야겠다고 말하는 자는 얼마나 타락하고 거짓된 인간인가"라고 했다.[10]

그렇다면 철학적·스토아적 관점에서 정직은 어떤 의미일까? 고대에는 정직의 개념이 '솔직함'과 연관되어 쓰이는 경우가 많았다. 스토아 철학에서 솔직함은 여러 가지 의미로 쓰인다. '솔직하다'는 말에는 '똑바르다', '똑바로 서다' 같은 의미도 담고 있기 때문이다. 예를 들어 솔직한 사람은 똑바로 일어서고, 꼿꼿이 서 있는 존재이며, 정의롭다고 여겨진다.

똑바른 것에 대한 상징물은 항상 기어다니는 짐승의 상징물과 대조해 제시되었다는 점을 떠올려보면 이해가 쉬울 것이다. 《성경》에 등장하는 모세와 파라오, 변신하는 뱀 지팡이에 관한 일화가 그런 경우다.[11] 다시 말해 똑바로 서 있지 않고 땅에 기어다니는 것은 거짓을 일삼고 솔직하지 못한 것으로 여겨졌다. 〈창세기〉에서 거짓말을 한 뱀은 배로 기어다니는 저주를 받았다.

일상에서 진실되게 행동하는 것이야말로 현대인이 나서기 어려운 커다란 도전 중 하나가 아닐까. 순간의 편의를 위해 거짓말의 유혹에 빠지는 일이 얼마나 허다한가. 물론 그런 거짓말이 사소하고 중요해 보이지 않을 때도 있지만, 결국 삶에 심각한 결과를 초래하기 마련이다. 거짓말은 어둠을 향해 던지는 부메랑과 같다. 언제 어디서 돌아와 자신을 맞힐지 아무도 모른다.

삶에 긴요한 스토아적 규칙이 담긴, 독일의 종교개혁자 루터의 다음과 같은 말을 새기며 매일 정직한 삶을 실천해보자.

"거짓말은 눈덩이와도 같다. 오래 굴릴수록 점점 더 커지기 때문이다."[12]

“정직이야말로
가장 대담한 형태의 용기다.”

“정직이야말로
가장 대담한 형태의 용기다.”

습관은 다른 무엇보다 힘이 세다

4

조그마한 가게를 운영하는 여인이 있었다. 신통치 않은 장사 탓에 여인은 곤란한 상황이었다. 가게는 점점 형편없어졌고 손님 역시 점점 줄어들었다. 여인은 수중의 돈이 줄어드는 것을 걱정스럽게 지켜봐야 했다. 참다못한 여인이 마을의 현인을 찾아가 괴로운 상황을 털어놓았다.

"장사가 통 안 됩니다. 손님은 거의 끊기다시피 했어요. 너무나 힘든 시기입니다. 현인이시여, 제게 조언을 부탁드립니다."

그러자 현인은 굳게 닫힌 작은 상자 하나를 내밀며 말했다.

"매일 아침, 낮, 저녁으로 이 상자를 들고 돌아다니시오. 어디에 있든 곁에 두시오. 가게든, 지하실이든, 집 안 어디를 가든 당신이 있는 곳 어디든 말이오. 곧 사정이 좋아지는 걸 확인할 수 있을 거요. 일 년 후에 다시 이 상자를 가져오시오."

여인은 현인에게 고마움을 전한 뒤 정말로 그가 시킨 대로 가는 곳마다 그 상자를 들고 갔다. 그러다가 전에는 미처 알지 못했던 많은 것을 새롭게 발견했다. 더 이상 예전의 삶이 아니었다. 여인은 가게를 청소하기 시작했다. 구석구석 먼지를 쓸어 모으고, 가구를 반짝반짝하게 닦고, 바닥과 입구와 창문도 청소했다. 나무 선반을 매끈하게 문지른 뒤 산뜻한 색으로 칠하고, 여기저기 나뒹구는 잡동사니도 하나하나 치웠다. 망가진 물건은 수리를 맡겼고, 가게의 낡은 카펫은 새로 교체했다. 집 앞뒤의 정원에 있던 잡초를 뽑아 잊고 있었던 오래된 장미나무가 다시 꽃을 피우게 했다. 또 화려한 색의 화분들로 가게 입구를 장식하고, 가게 앞에는 손님들이 앉을 수 있게 작은 의자도 두었다.

일 년이 지나 여인은 다시 현인을 찾아가 상자를 돌려주었다.

"현인이시여, 이 상자를 빌려주셔서 정말 감사합니다. 큰 도움이 되었고, 제 형편도 많이 좋아졌습니다. 손님들이 다시 찾아오면서 수입도 늘기 시작했습니다. 그런데 하나만 알려주십시오. 이 상자에는 뭐가 들어 있습니까? 도대체 뭐가 들었길래 그토록 대단한 마력을 발휘했을까요?"

현인은 상자를 받아 들고 여인을 향해 미소를 지었다.

"상자는 비어 있었소. 기적을 일으킨 건 바로 당신 자신이오."

"나쁜 습관은 주어진 운명을 악용하는 것이다."

사람은 습관의 동물이다. 그런데 그 습관의 대부분은 삶에 나쁜 영향을 끼치는 것들이다. 스토아 철학에서 말하는 벗어나야 할 부정적 습관은 자신에게 주어진 운명의 길에서 벗어나거나 멀어지게 하는 것을 말한다. 헤라클레이토스는 단언했다. "변한다는 사실만큼 한결같은 것도 없다."[13] 좋은 일과 나쁜 일 모두에 적용되는 철칙이다.

굳어진 습관은 우리를 게으르고 경직된 생각 속에 가둔다. 어떤 일들은 오래전부터 해온 것이라 더 이상 깊이 생각하지 않는다. 그렇게 자기도 모르는 사이에 굳어진 습관에 에워싸인 채 삶의 그 어떤 신선한 자극도 받지 못한다. 이를 두고 프랑스의 멀티 예술가 장 콕토Jean Cocteau는 "사람들은 대부분 습관의 폐허 속에서 살아간다"고 표현했다.[14]

삶이란 끊임없는 변화의 과정이다. 좋은 방향으로든 나쁜 방향으로든 삶은 움직인다. 이 세상에 그대로 한 자리에 머무는 삶은 없다. 그러니 이왕이면 삶을 좋은 방향으로 이끌기 위해 그동안 익숙해진 습관을 다시 점검해볼 필요가 있다.

나쁜 습관의 힘은 강력하다. 하지만 좋은 습관의 힘은 훨씬 더 강력하다. 내면의 힘을 발휘한다면 나쁜 습관을 좋은 습관으로 충분히 바꿀 수 있다. 과식하는 버릇이 있다면 먹는 양을 줄이거나 탄수화물 섭취를 줄이자. 운동량이 부족하거나 컴퓨터 앞에 앉아 있는 시간이 많다면 자주, 길게 산책하는 습관을 들이자. 오늘 일을 내일로 미루기를 좋아하는가? 그렇다면 지금 당장 해야 할 일을 처리하는 습관을 가지자.

고대 로마의 철학자이자 정치가 키케로는 "습관은 제2의 천성"이라고 했다."[15] 나를 좁은 울타리에 가두는 나쁜 습관과 인생의 길에서 전진하도록 돕는 좋은 습관, 어떤 것을 제2의 천성으로 가지느냐는 전적으로 자기 자신에게 달렸다. 운명을 만들어가는 주인은 다름 아닌 나 자신이기 때문이다.

“나쁜 습관은
주어진 운명을 악용하는 것이다.”

“나쁜 습관은
주어진 운명을 악용하는 것이다.”

내 생각의 씨앗이 어떤 행동을 수확할지 숙고하라

5

주말을 앞둔 퇴근길마다 교통체증에 시달리던 한 여인이 이번 금요일에는 기차를 타고 집에 가기로 했다. 그렇지 않아도 힘든 한 주를 보냈던 터라 꽉 막힌 도로만은 피하고 싶었다. 사장에게 직접 요청해 참가한 집중 세미나를 마친 뒤라 더더욱 그랬다. 지금 필요한 것은 절대적 휴식과 고요, 그리고 가족과의 오붓한 시간이었다.

늦은 시각이라 기차 안에 사람은 많지 않았고 사방이 조용했다. 승객들은 대부분 노트북과 태블릿, 스마트폰에 몰두하고 있었다. 그녀가 객차를 통과해 자리로 가는 동안 고개를 들어 쳐다보는 이는 아무도 없었다.

몇 정거장을 달린 뒤 멈춘 어느 역에서 한 젊은 엄마가 아이들을 데리고 탔다. 아이들 엄마는 눈인사도 없이 여인의 건너편 자리에 앉았다. 아이들 엄마가 눈을 감은 채 앉아 있는 동안 아이들이 기차 안을 휘젓고 다니기 시작했다. 주변의 시선 따위에는 아랑곳없이 시끄럽게 장난을 치며 뛰어다녔고, 심지어 승객들을 치고 다니기까지 했다. 덕분에 어느 노부인은 옷에 뜨거운 커피를 쏟기도 했다. 그런데도 여전히 눈을 감은 채 앉아 있던 젊은 엄마는 아이들의 야단법석을 눈치채지 못한 듯했다. 아니, 애써 무시하는 것도 같았다. 몇몇 승객이 아이들의 소동에 대해 노골적으로 화를 낼 때도 마찬가지였다. 아이 엄마의 무반응에 혼란스러웠던 여인은 아무래도 한마디 해야겠다고 생각했다. 그때 마침 승무원이 객실로 들어섰다. 그는 통로에서 자신의 신분을 밝히고 말했다.

"부인, 아이들이 승객들에게 불편을 주고 있습니다. 얌전히 앉아 있게 해주십시오."

이 말에 젊은 엄마가 눈을 떴고 그제야 상황을 알아차린 듯했다. 그러고는 조용히 대답했다.

"죄송합니다. 다 제 불찰입니다. 제가 오늘 끔찍한 일을 당해 머리가 복잡합니다. 남편이 오늘 세상을 떠나 한 시간 전까지 아이들과 병원에 있다가 오는 길입니다. 아이들도 지금 어떻게 해야 할지 모를 겁니다."

이 말을 들은 순간 맞은편에 앉아 있던 여인은 아이들 엄마를 무지하고 이기적이라고 비난했던 자신이 부끄러워졌다. 다음 역에서 내리려고 자리에서 일어난 여인은 젊은 엄마 쪽으로 다가가 말없이 그 손을 꼭 잡아주었다. 아주 짧은 순간, 고마움을 전하는 미소가 아이들 엄마의 얼굴에 스쳤다.

"씨를 뿌리는 날에 수확하는 것처럼 신중하다면 그 일은 성공한 것이다."

《신약성경》에 이런 말이 있다.

"미혹되지 마십시오. 사람은 무엇을 심든지 심은 것을 그대로 거둘 것입니다."[16]

그러니까 우리는 어떤 일을 할 때마다 자기 운명의 씨앗을 뿌리는 셈이다. 씨앗을 뿌리듯 매사에 신중하게 임하는 사람은 다른 이의 귀감이 될 뿐 아니라 그 자신도 발전해나간다. 내 생각은 행동의 씨앗이 된다. 남들과 나누는 대화를 포함해 내가 하는 말들은 씨앗을 심는 땅이다. 그렇다면 수확은 어떨까?

어떤 생각들은 곧바로 수확할 수 있지만, 어떤 경우에는 결실을 보기까지 긴 시간이 걸리기도 한다. 수확하기까지 걸리는 시간은 전적으로 씨앗을 뿌린 나 자신에게 달렸다. 그러니 스토아 정신에 따라 선하고 정직하게 행동하라. 진실하고 솔직하다면 빨리 큰 수확을 거둘 것이고, 그럼으로써 더 나은 삶을 살고 스토아주의자로 가는 길에 진전을 이루게 될 것이다.

스토아 철학을 실천하는 이들에게 유용한 규칙이 있는데, 다음과 같은 4단계로 이루어졌다.

생각을 심으면 행위를 거둘 것이다. 행위를 심으면 좋은 습관을 거둘 것이다. 좋은 습관을 심으면 수확물을 통해 품성을 완성시킬 것이다. 마지막으로 품성을 씨로 심으면 자기 삶에 부여된 사명을 수확할 것이다.

이 규칙을 지키는 데 있어 무엇보다 중요한 것은 말 한마디 한마디를 골라 쓰는 일이다. 매사에 단어 선택에 주의를 기울여야 한다. 그러면 씨를 뿌리는 일이 수확만큼이나 쉬워질 것이다. 도가에는 "말은 씨를 뿌리는 것이고 침묵은 수확하는 것이다"라는 말이 있다.[17] 스토아 철학의 중요한 사상 또한 이와 일맥상통한다.

"씨를 뿌리는 날에
수확하는 것처럼 신중하다면
그 일은 성공한 것이다."

"씨를 뿌리는 날에
수확하는 것처럼 신중하다면
그 일은 성공한 것이다."

November

11

월

"목표가 없는 자는 운명에 시달리고,
목표 의식이 뚜렷한 자는 운명을 만들어간다."

- 칸트[1]

나에게 일어나는 모든 일을 받아들이고 사랑하라

1

도가의 가르침을 따르는 두 명의 수도승이 인근 마을을 향해 가고 있었다. 둘은 이내 어느 강가에 도착했는데, 마침 그곳에는 한 여인이 서 있었다. 아리따운 젊은 여인은 혼자 강을 건너기를 주저하고 있었다. 그러자 수도사 한 명이 강 건너로 데려다주겠다고 제안했다. 그러면서 자기 어깨에 올라앉아 가면 된다고 여인을 안심시켰다. 결국 두 사람은 무사히 강을 건넜고, 젊은 여인은 감사의 인사를 전한 뒤 자기 길을 계속 갔다. 두 수도승도 갈 길을 이어 갔다.

얼마 후, 수도승 하나가 여인을 어깨에 태워 강을 건넌 동료에게 물었다.

"어째서 그런 일을 했소? 금욕의 삶을 살아가는 수도승으로서 어찌하여 젊고 아름다운 여인을 어깨에 태우고 갈 수 있소?"

그러자 동료 수도승이 대답했다.

"아, 이제 알겠구려. 자네야말로 여전히 그 여인을 어깨에 태우고 있구려. 하지만 나는 벌써 강가에 내려놓았소."

"나를 둘러싼 모든 것을 담담하게 받아들이고 긍정적으로 활용하라."

제논, 세네카, 아우렐리우스 같은 스토아 철학자들의 등장 이래 오랜 시간이 흘러 독일의 니체는 스토아 철학에서 영감을 받은 '아모르 파티 Amor Fati'라는 사상을 내놓았다. '운명에 대한 사랑'을 뜻하는 이 개념은 삶을 전적으로 긍정하라는 메시지를 담고 있다.[2]

이 개념을 통해 니체는 우리가 필연적인 일을 받아들일 뿐 아니라 사랑할 수 있어야 한다고 역설한다. 니체뿐 아니라 아우렐리우스도 세계가 그 본질상 미리 정해진 목적과 만물의 상호 연관성을 바탕으로 이루어져 있음을 간파했다. 아우렐리우스는 이를 다음과 같이 표현했다.

"세계는 하나의 생명체이자 하나의 세계 물질이며 하나의 세계 영혼이다. 이 세계 의식에 만물이 포함되고 만물이 거기서 나온다. 각각의 존재는 다른 존재의 원인이 되고 이들은 끈끈하게 엮여 있다."[3]

니체의 아모르 파티는 스토아적 삶의 철학에도 잘 들어맞는다. 아무리 불리한 상황이더라도 개의치 말고 기꺼이 감내하라는 것이다. 이렇게 운명을 받아들일 때 내면의 힘이 생기고, 이를 바탕으로 하루하루 흔들림 없이 자기 길을 갈 수 있다. 운명으로부터 달아날수록 점점 더 유약한 존재가 되고, 그런 유약한 상태를 즐기고 조장하는 가운데 삶은 점점 망가진다.

삶에서 가장 필요한 건 지금 나를 둘러싼 모든 것을 받아들이는 자세다. 스토아 철학은 이를 '순응의 기술'이라고 한다. 세네카는 "내일이라는 날의 주인도 아닌 우리가 일생의 계획을 세운다는 것은 얼마나 어리석은 일인가"라고 했다.[4] 그러니 삶에 예기치 못한 일이 일어난다면 담담하게 받아들이고 자신을 위해 긍정적으로 활용하자.

두 번째는 나에게 일어나는 일을 받아들이고 묵인할 뿐 아니라 그것을 사랑하고 품에 안는 것이다. 이 과정이 바로 아모르 파티다. 지금 내 상태에 만족하고 비현실적인 소망과 기대에 빠지거나 충동적으로 행동하지 않도록 하자. 그러면 위기 상황에서도 다시 일어나게 하는 회복탄력성을 갖추게 된다. 받아들이면서 동시에 놓아주는 태도를 통해 우리는 '아모르 파티'를 넘어 'Armor Fati', 즉 '운명의 갑옷'을 얻게 된다. 이는 우리가 사랑하는 운명이 우리에게 선물한 보호막이다.

"나를 둘러싼 모든 것을
담담하게 받아들이고
긍정적으로 활용하라."

"나를 둘러싼 모든 것을
담담하게 받아들이고
긍정적으로 활용하라."

세상이 변하기를 원한다면 자신부터 변화하라

2

무시무시한 폭풍우가 휘몰아치면서 바다 전체가 출렁거렸다. 산처럼 높은 파도가 굉음을 내며 육지를 덮치고 해변으로 밀려들었다. 다행히 폭풍은 잠잠해졌고 잿빛 파도도 가라앉으면서 어느새 구름 한 점 없는 하늘이 펼쳐졌다. 하지만 바닷가에는 여전히 폭풍우가 남긴 흔적들을 볼 수 있었다. 사납게 출렁이던 파도에 밀려온 수천 개에 달하는 불가사리였다. 마침 한 소년이 해안가에서 이 광경을 목격하고는 눈에 보이는 대로 집어서 바다로 던져주었다.

한 노인이 불가사리를 던지는 소년을 보더니 말을 건넸다.

"참 어리석구나! 다 쓸데없는 짓이야. 해안가는 몇 킬로미터에 달하고 온통 불가사리투성이란다. 그걸 전부 다 바다로 던질 셈이냐? 어림없다. 설령 그렇게 한들, 바뀌는 건 아무것도 없단다."

이에 소년이 놀란 듯 노인을 바라보더니 옆에 놓인 불가사리 하나를 집어 들었다. 그리고 바다로 던지기 전에 이렇게 말했다.

"이 불가사리한테는 바뀌는 게 있을 거예요."

"허황된 희망을 갖기보다 가능한 변화를 이루어라."

사람들은 대부분 앞으로 지금보다 나아지리라는 희망을 품고 세상을 바라본다. 개중에는 세상을 더 좋고 아름답고 살기 좋은 곳으로 만들기 위해 발 벗고 나선 이들도 적지 않다. 나아가 대단한 해결사인 양 남들 앞에 나서거나, 그렇게 알려진 사람들도 있다. 그런데 주변을 둘러보면 이런 생각이 든다. 어째서 사회 구성원 간의 유대는 점점 약해지고 서로를 적대시하는 걸까? 어째서 지구상에서 분쟁은 점점 늘어나는 걸까? 여기서 간과하기 어려운 점은 세상을 살기 좋고 아름답게 바꾸려는 소망과 사람들이 행동에 나선 결과 사이에 큰 간극이 있다는 사실이다. 이 대목에서 자연스럽게 세네카의 말을 떠올리게 된다. "자연적 욕구는 한계를 알지만, 망상에서 비롯된 욕구는 그칠 줄 모른다."[5]

스토아 철학에서는 먼저 자기를 바꾸지 않고서는 세상을 바꿀 수 없다고 확신한다. 세상을 바꾸고자 하면서 정작 자신은 선하고 정의로운 사람으로 변할 생각이 없는 사람이 있다. 이런 사람은 엉

뚱한 연장으로 작업에 나서면서 왜 좋은 성과를 내지 못하는지 의아해하는 노동자와 다를 바가 없다. 그러므로 자기 존재의 변혁 없이 세상을 바꾸려는 사람은 항상 똑같은 결과를 맞이할 수밖에 없다. 즉 달라지는 것은 하나도 없는 것이다.

이처럼 세상은 허황된 희망들로 가득하다. 스스로 통제 가능한 바꿀 수 있다는 스토아 철학의 기본 전제 앞에서 그런 희망들은 속절없이 무너질 수밖에 없다. 러시아의 문호 톨스토이도 같은 생각이었다. "모두가 세상을 바꾸고 싶어 하지만 자기 자신을 바꾸려는 사람은 없다."[6]

우리 모두 자신이 진정으로 할 수 있는 일만 하고 그 밖에 다른 허황된 소망을 품지 않는다면 세상은 더 좋게 변할 것이다. 마하트마 간디가 말한 것처럼 말이다.

"이 세상이 달라지기를 원한다면 너 자신부터 변화하라."[7]

"허황된 희망을 갖기보다
가능한 변화를 이루어라."

"허황된 희망을 갖기보다
가능한 변화를 이루어라."

삶의 흐름에 몸을 맡겨라 3

늘 다양한 사업으로 바쁜 삶을 살면서 일 중독자라는 소리를 듣는 남자가 있었다. 어느 날, 그는 행복의 원천이 무엇이냐는 질문을 받았다. 바쁜 와중에도 어떻게 그렇게 항상 행복할 수 있는지 묻는 말에 그는 이렇게 답했다.

"나는 뛰어갈 때는 뛰어갑니다. 쉴 때는 쉬지요. 일할 때는 일을 하고 만족할 때는 만족합니다."

질문을 한 사람들은 이 대답에 코웃음을 쳤다. 심지어 남자의 말을 끊고 이렇게 말했다.

"우리도 그렇게 하긴 합니다. 그것 말고 하는 일이 뭔지 말해 주세요."

남자는 침착하게 같은 대답을 했다.

"뛸 때는 뛰고, 쉴 때는 쉽니다…."

대답이 성에 차지 않았던 질문자들이 당황한 채 대꾸했다.

"우리도 그렇게 한다고요!"

그러자 남자가 다시 설명했다.

"그렇지 않아요. 여러분은 쉴 때 이미 일을 하고 있고, 일할 때는 이미 목표를 이루고는 만족하지요."

"현재에 존재하는 것이야말로 진정한 삶으로 향하는 유일한 길이다."

플라톤에 의하면 그리스 철학자 헤라클레이토스는 자신의 철학을 "만물은 흐른다(판타 레이Panta Rhei)"라는 한마디로 요약했다.[8]

모든 것은 흐른다! 스토아 철학을 따르는 사람이라면 누구보다도 이 점을 잘 의식하고 있을 것이다. 모든 것이 변화한다는 사실을 받아들이고자 일상에서 노력 중이기 때문이다. 특히 한 해가 저물어가고 삶의 중심이 외부에서 내면으로 옮겨가는 이 시기야말로 헤라클레이토스의 말을 떠올리기에 적절한 때다. "누구도 똑같은 강물에 두 번 들어갈 수 없다."[9]

새 하루가, 그리고 새로운 달과 새로운 해가 시작될 때마다 스토아의 가르침에 따라 대응할 새로운 도전이 찾아온다. 스토아주의자는 덧없는 것에 집착하거나 매달리지 않고 그저 흘러가게 내버려둔다. 이러한 태도의 바탕에는 세계의 원인들이 계속해서 새로운 형체를 띠면서 나타난다는 우주론적 인식이 깔려 있다. '만물은 흐른다'라는 깨달음에는 이 같은 인과관계에 대한 통찰뿐 아니라 삶의 끝없는 흐름 속에 시간이란 존재하지 않는다는 인식도 포함되어 있다.

시간에 대한 의식은 인간 의식의 중요한 기능 중 하나이며 대단히 '인간적이다'. 동물도 유사한 시간 의식을 갖지만, 인간과는 다른 방식으로 시간을 지각한다. 즉 생물체에 일어나는 다양한 변화와 개인의식이 상호작용을 벌이는 가운데 나타나는 것이 바로 '시간'이라는 관념이다. 이런 상호작용은 그것이 아무리 진짜처럼 보이더라도 결국 우리의 착각일 뿐이다.

스토아 철학과 일맥상통하는 도가 사상에는 "과거에 매달리지 말고, 미래에 몰두하지 말라. 과거는 지나갔고, 미래는 아직 오지 않았다. 삶은 지금 여기에 있다"는 경구가 있다.[10] 당신이 삶의 흐름 속에서 살아간다면 모든 순간이 현재로 존재한다. 그래서 스토아 철학에서는 더 이상 바꿀 수 없는 과거와 통제할 수 없는 미래에 대해 생각하지 말라고 강조한다. 그러므로 운명을 전적으로 신뢰한 채 삶의 흐름에 몸을 맡기는 훈련이 필요하다. 동시에 일상에서 맞닥뜨리는 다양한 경험을 겁내지 말자.

"현재에 존재하는 것이야말로 진정한 삶으로 향하는 유일한 길이다."

"현재에 존재하는 것이야말로 진정한 삶으로 향하는 유일한 길이다."

햇빛이 비칠 때 구름을 대비하라

올리브나무와 갈대는 누가 더 힘이 세고 강한지를 두고 서로 다투고 있었다. 올리브나무는 갈대를 보고 부러지기 쉽고 연약하다고 지적하며 바람이 원하는 대로 이리저리 움직이지 않느냐고 비웃었다. 이 말에 갈대는 잠자코 있었다.

그때 돌연 바람이 거세지면서 폭풍우가 휘몰아쳤다. 갈대는 바람에 이리저리 흔들렸지만 바람의 의지에 순종했기에 별 피해를 보지 않았다. 반면 힘세다고 자랑했던 올리브나무는 온 힘을 다해 폭풍우에 맞섰지만 결국 부러져서 쓰러지고 말았다.

“자연스러운 삶이 곧 행복이다.”

고대 스토아 철학자들은 자연을 관찰하며 깨달음을 얻었다.

자연을 살핌으로써 어떻게 가르치고 어떻게 학습해야 하는지 배웠고, 여러 확고한 원칙을 이끌어냈다. 그러나 현대인들은 자연을 주의 깊게 관찰하는 방법을 잊어버렸다. 오늘날 자연은 삶의 부차적인 요소로 전락했다. 심리학자 융은 이런 상황을 두고 이렇게 말한 바 있다.

"과학적 이해를 통해 우리 세계는 탈인간화되었다. 인간은 우주 속에서 고립된 존재가 되었다. 인간은 더 이상 자연과 긴밀히 연결되어 있지 않고, 지금까지 상징적 의미를 지니고 있던 자연 현상에 감정적으로 관여하지 않게 되었다."[11]

일조량이 줄어드는 가을과 겨울에 우울해하는 사람들이 많다. 하지만 변화 속에 살아가는 스토아주의자는 계절의 변화 역시 담담히 받아들인다. 구름과 바람과 비가 지나가면 다시 푸른 하늘이 나타나기 마련인 자연의 흐름을 잘 알기 때문이다.

변화 속에 산다는 것은, 남들은 미처 그것을 예상치 못하더라도 늘 삶의 역경에 대비한다는 뜻이다. 햇빛이 비칠 때야말로 마음속에 대비책을 마련해둘 최적의 시기다. 외부의 빛은 내면으로 들어가 내면의 빛을 경험하도록 권한다. 어쩌면 이런 의문이 들지도 모른다. 모든 것이 변화 속에 있다면 왜 이런 대비가 필요할까? 이유는 간단하다. 누구든 삶에서 언제 어떻게 어려움을 겪을지 모르기 때문이다.

“자연스러운 삶이 곧 행복이다.”

“자연스러운 삶이 곧 행복이다.”

December

12

월

"이미 삶의 마지막에 이른 것처럼 마음을 준비해야 한다.
어떤 것도 미루지 말라."

-세네카[1]

오늘이 삶의 마지막 날인 것처럼 살라

1

세 여인이 물을 길으러 오래된 우물가를 찾았다. 마침 한 노인이 우물가에서 쉬고 있었다. 여인들은 곧 자식들 이야기를 시작했고, 노인은 곁에서 귀를 기울였다.

첫 번째 여인이 말했다.

"내 아들은 다른 마을 젊은이들보다도 훨씬 민첩하고 몸놀림이 남달라."

이에 두 번째 여인이 답했다.

"내 아들은 꾀꼬리 같은 아름다운 목소리를 가졌지. 그 목소리를 듣는 사람은 누구나 감동한다니까."

세 번째 여인은 아무 말도 없었다. 그러자 다른 두 여인이 궁금해하며 물었다.

"왜 말이 없어?"

그러자 이런 대답이 돌아왔다. "내 아들은 아주 평범해. 별 재능이 없어. 그저 좋은 사람이 되었으면 해."

이윽고 물통을 가득 채운 세 여인이 마을로 향했다. 노인은 그 뒤를 밟아보기로 했다. 여인들은 얼마 못 가서 이고 가던 물통의 무게 탓에 잠시 쉬어가기로 했다. 그때 노인의 눈에 여인의 자식들이 황급히 뛰어오는 모습이 보였다.

첫 번째 여인의 아들은 바닥에 손을 짚고 옆으로 재주를 넘었다. 정말 날렵하다며 여인들이 감탄했다. 이어 두 번째 여인의 아들이 노래를 부르기 시작했다. 과연 꾀꼬리 같은 목소리였다. 노래를 들은 여인들이 눈물을 흘리기 시작했다. 그런데 일절 자식 자랑이 없었던 세 번째 여인의 아들은 묵묵히 물통을 집어 들고 집으로 걸어갈 뿐이었다.

세 여인이 곁에 있던 노인을 보더니 물었다.

"보셨죠. 우리 아들들이에요. 어때요?"

노인은 빙긋 웃으며 대답했다.

"아들들이요? 어째서 아들들이라는 거요? 내가 본 건 아들 하나뿐인데."

"의미 없는 일들로 시간을 낭비하지 말고 매 순간 주어진 역할에 충실하라."

시간이 환상에 불과하다면 스토아 철학자들은 어째서 시간을 허비하지 말라고 가르칠까? 우리 삶은 시간이란 매개 수단을 통해 탄생부터 죽음에 이르는 순간까지 전개된다. 다시 말해 시간은 당신의 개인적 운명이 전개되는 매개체다. 만약 시간이 존재하지 않는다면 당신의 운명을 포함해 모든 개개인의 운명은 생각할 수 없다. 따라서 시간은 인생에서 자신에게 주어진 역할을 행하고 책무에 충실하기 위해 없어서는 안 될 요소다. 주어진 시간을 소중하게 여겨야 하는 이유가 여기에 있다.

그러니 시간을 헛되이 쓰지 말자! 처리할 업무와 일정 생각으로 아침을 보낸 적이 얼마나 많았나. 그때마다 삶의 본질로부터 멀어지는 듯한 기분에 불쾌한 마음으로 하루를 시작하곤 했을 것이다. 세네카는 말했다. "우리에게 주어진 시간 중 일부는 공공연하게 강탈당하고, 일부는 우리 몰래 빼앗기고, 또 일부는 덧없이 사라진다. 하지만 가장 치욕적인 것은 자신의 부주의로 시간을 잃어버리는 것이다."[2]

물론 주어진 일을 보고도 나 몰라라 할 수는 없다. 엄연히 자기 자신과 가족, 또는 가까운 이들에 대한 책임이 있기 때문이다. 하지만 여러 난관 속에서도 내면에 집중하고 자기중심에 머무르기 위해서는 남다른 자기 통제와 강력한 의지가 필요하다. 내면의 존재 또는 영혼보다도 물질적인 것을 더 소중히 여기는 잘못을 범하지 말라. 그리고 의미 없이 낭비하는 순간순간은 결코 다시 돌아올 수 없음을 기억하자. 한번 지나간 것은 그것으로 끝이다. 세네카의 이 말을 가슴에 새겨두자.

"오늘이 주어진 나날들의 마지막 날이고 유감없이 만족스러운 삶을 산 것처럼 하루하루를 보내자. 신이 내일을 선사한다면 그것을 기쁘게 받아들이자."[3]

"의미 없는 일들로
시간을 낭비하지 말고
매 순간 주어진 역할에 충실하라."

"의미 없는 일들로
시간을 낭비하지 말고
매 순간 주어진 역할에 충실하라."

인생은 불완전함 속에서 쉼 없이 나아가는 일이다

어느 대학교 강의 시간에 있었던 일이다. 담당 교수는 학생들에게 간단한 테스트를 실시하기로 했다. 먼저 문제가 적힌 면이 아래로 향한 시험지를 학생들에게 나눠주었다. 몇 분 후 테스트가 시작되고 학생들은 일제히 시험지를 뒤집었다. 순간 모두 깜짝 놀랐다. 시험지에는 여느 때처럼 문제가 적혀 있는 대신 중앙에 빨간 점 하나가 찍혀 있을 뿐이었다. 학생들이 의아한 눈빛으로 교수를 바라보자 교수가 종이에 뭐가 보이는지 적어보라고 말했다.

30분이 지나 테스트가 끝나고 교수는 답안이 적힌 시험지를 거둬갔다. 평소와 달리 교수는 곧바로 학생들이 적어낸 답안을 살피더니 놀랍게도 큰소리로 낭독하기 시작했다. 학생들은 하나같이 시험지 중앙에 찍힌 빨간 점에 관해 서술했다. 점과 종이의 비율, 가운데 찍힌 점의 위치 등에 관한 내용이었다. 학생들의 답안을 낭독한 교수는 미소를 띠며 말했다.

"이 테스트를 진행한 이유는 여러분에게 생각할 거리를 던져 주기 위해서였습니다. 여러분은 모두 오로지 빨간 점에만 집중했어요. 주변의 하얀 종이에 관심을 둔 학생은 한 사람도 없었지요. 삶도 마찬가지입니다. 우리 인생은 하얀 종이와도 같지요. 우리에게 삶이 주어진 것은 삶을 구체적으로 가꾸면서 잘 활용하라는 뜻입니다. 하지만 우리는 어떻게 합니까? 빨간 점에만 자신을 가두어 한정 짓고 있지는 않은가요?"

"자기 형성이란 매일매일 새로운 것을 배운다는 것을 뜻한다."

스토아 철학은 모든 인간은 불완전하고 그 존재가 미완성이라는 가정에서 출발한다. 물론 플라톤주의에 더 치우친 스토아 철학자 중에는 현자가 되는 것을 목표로 삼은 이들도 있었다.[4] 그런 이들에게는 완성된 존재가 되고자 노력하는 일이 인생의 과제로 주어졌다.

그렇다고 스토아주의자가 무조건 완벽해지기만을 바라는 건 아니다. 또 모든 것을 완벽하게 만들려고 하지도 않는다. 도가에서 말하듯 자연의 아름다움은 곧 불완전함 속에 있고, 우리 인간도 그런 자연을 통해 교훈을 얻을 수 있다.

우리는 미완성인 채로 이 세상에 태어났고, 역시 미완성인 채로 세상을 떠날 것이다. 모든 일을 완벽하게 마칠 수 있는 사람은 없다. 물론 스토아 철학을 따르는 당신은 부단히 발전해나가는 사람이다. 자신이 계획한 일을 얼마나 많이 이루었는지와는 상관없이 말이다. 그러니 늘 자기 자신에게 이렇게 말하라. '지금 하는 이 일을 위해 내게 충분한 시간이 주어지기를.' 왜냐하면 이 세상에서의 스토아적 책임감은 육신의 죽음과 함께 비로소 끝나기 때문이다. 그러므로 아직 발전할 수 있는 한 주어진 일을 포기하지 말라.

동시에 당신은 작은 걸음걸음이 때로는 최대의 효과를 불러올 수 있음을 잘 알고 있다. 그러기에 늘 작은 것들에 만족해야 한다. 당신에게 발전이란 내면의 성장을 의미한다. 스토아 철학자들은 이러한 성장을 흔히 '품성'으로 번역되는 '에토스Ethos'라는 개념과 연관 지었다. 따라서 당신은 얼마나 나이를 먹었는지, 또 얼마나 몸이 아픈지에 상관없이 하루를 시작할 때마다 자신에게 맞는 최선의 방식으로 오늘 하루를 마치게 해달라고 소원해야 한다. 아우렐리우스는 이 같은 스토아적 삶의 방식에 대해 이렇게 말했다. "서두르지 않고 게으름 피우지 않으며 가식 없이 하루하루를 마지막 날처럼 살아간다면 완벽한 인격을 닦을 수 있을 것이다."[5]

"자기 형성이란
매일매일 새로운 것을
배운다는 것을 뜻한다."

"자기 형성이란
매일매일 새로운 것을
배운다는 것을 뜻한다."

죽음까지도 겸허히 맞이하라

3

아버지와 아들이 함께 등산에 나섰다. 갑자기 넘어져 발목을 다친 아들이 "아야 아야!" 하고 비명을 질렀다. 그런데 아들의 귀에 들려온 것은 아버지의 목소리가 아닌 "아야 아야!" 하는 메아리였다. 아들은 아픈 것도 잊은 채 호기심에 차 되물었다. "누가 저기서 소리를 지르지?" 그러자 또다시 똑같은 소리가 들려왔다. "누가 저기서 소리를 지르지?" 깜짝 놀란 아들은 그 목소리를 향해 소리쳤다. "너 참 대단하구나!" 이에 목소리가 답했다. "너 참 대단하구나!" 이 소리를 들은 아들은 놀림을 당한다는 생각에 화가 치밀었다. 그래서 산을 향해 외쳤다. "이 바보야!" 그러자 즉각 "이 바보야!" 하고 대답이 돌아왔다.

당황한 아들이 아버지에게 저게 뭐냐고 물었다. 아버지는 장난스럽게 웃으며 설명했다.

"아들아, 그건 메아리란다. 우리 삶에서도 비슷한 일이 일어나지. 우리가 말하는 것들은 어떤 식으로든 우리에게 다시 돌아온단다. 삶에 우연이란 없기 때문이란다."

"죽음은 삶의 마지막 도전이다."

살아 있는 것이든 그렇지 않든 세상의 모든 물질은 한정된 시간 동안만 존재한다. 따라서 스토아 철학의 관점에선 누구나 언젠가 죽는다는 사실이야말로 죽기 전 자기 자신에 대해 깨달아야 할 이유가 된다. 이슬람 신비주의자들은 이를 두고 '죽음 전의 죽음'이라 불렀다. 내면의 완성을 추구하는 자가 물질적인 것을 포기함으로써 육체는 살아 있지만 바깥 세계에 대해서는 죽음을 맞는다는 뜻이다.[6] 이런 경우 각자의 고유한 유한성으로부터 삶의 이유와 목적이 제시된다. 세네카는 말했다. "만인에게는 잘 알려져 있으나 정작 자기 자신을 모르는 자에게는 죽음이 무겁게 다가온다"[7]

세네카의 말은 외부의 물질세계에 집착해 거기서만 행복을 찾는 자는 힘들게 죽음을 맞이하리라는 경고를 담고 있다. 반면 스토아주의자는 죽음이라는 이별에 앞서 일찌감치 세상의 것들과 작별한다. 이와 동시에 자기 내면으로 들어가 참된 자기 모습을 깨닫는다. 아우렐리우스는 말했다.

"죽음을 두려워 말고 한 번도 살아본 적이 없음을 두려워하라

… 탄생과 마찬가지로 죽음도 자연의 신비이다. 둘 다 각각 동일한 질료의 결합과 해체를 뜻한다."[8]

이 같은 삶의 최종적인 도전을 피하지 말고 이 세상에서의 마지막 날까지 운명을 받아들여야 한다. 죽음을 두려워하는 자는 그만큼 더 죽음을 고통스럽게 맞이할 수밖에 없다. 스토아 철학을 따르는 이들은 달리 도망갈 길이 없음을 잘 알고 있다. 이와 함께 죽음의 순간까지, 그리고 죽음을 넘어서 끝없는 변화의 과정이 일어난다. 그래서 아우렐리우스는 "죽음을 경멸하지 말고 자연의 의지에 따른 변화의 한 부분으로써 죽음을 겸허히 맞이하라."[9]고 했다.

“죽음은 삶의 마지막 도전이다.”

“죽음은 삶의 마지막 도전이다.”

자기만의 관점으로 삶을 응시하라

아주아주 오랜 옛날, 한자리에 모인 신들이 고민에 빠졌다. 인간이 채 성숙하기도 전에 우주의 지혜를 발견하면 어떻게 할지 걱정이 된 것이다. 신들은 우주의 지혜를 인간이 접근할 수 없는 안전한 장소에 숨기기로 했다. 그리고 인간이 그 지혜를 담을 만한 그릇으로 성장했을 때 비로소 찾을 수 있도록 했다. 그렇다면 어디에 지혜를 숨길 것인가? 한 신이 묘수를 냈는데 사람의 발길이 닿기 힘든 가장 높은 산 정상에 숨기자는 것이었다.

하지만 다른 신들은 그 제안이 미덥지 못했다. 인간이 가장 높은 산에 오를 능력을 갖추는 순간 그곳도 안전하지 못할 게 뻔했다. 또 다른 신은 깊은 바다 밑을 대안으로 제시했다. 하지만 그 역시 머지않아 인간에 의해 발견될 것이 뻔했다.

마지막으로 가장 현명한 신이 나섰다.

"인간이 가장 찾지 못할 법한 곳에 우주의 지혜를 숨기도록 합시다. 바로 인간 자신 속에 말이오. 인간이 충분히 성숙해져야 비로소 내면으로 향하는 길을 발견할 것이오."

감탄한 신들은 그곳이야말로 우주에서 가장 안전한 곳이라는 데 한목소리를 냈다.

"오직 내가 경험하고 깨달은 것만이 가치 있다."

자기만의 관점이나 견해를 세울 생각을 하지 않은 채 습관적으로 남의 생각과 의견 뒤에 숨는 사람이 늘고 있다. 어떤 사안에 대해 자신의 주장을 펼치지 않고 마치 자기 생각인 양 이른바 역사 속 위인들의 말만 인용하는 사람도 있다. 그러면 자신의 인격 역시 가치가 높아지는 줄 안다. 하지만 그렇게 가치를 높인다 하더라도 그게 얼마나 오래 지속될 수 있을까? 세네카는 이렇게 지적했다. "노인이거나 노인이 되기 시작한 이가 수첩에 적어놓은 지식만 갖고 있다는 것은 수치스러운 일이다."[10]

생각 없이 사는 나태한 자신을 감추기 위해 남의 지혜를 가져오는 것은 스토아적 태도와는 거리가 멀다. 스토아적 관점에서 자기 생각을 말한다는 것은 종교에서의 '신앙고백'만큼이나 중요한 의미가 있다.

그러니 당신이 어떤 일을 하고 그것을 어떤 식으로 하는지 주의 깊게 살펴야 한다. 아우렐리우스의 말을 기억해두자. "우리는 항상 우리 곁을 떠나지 않고 있는 것에 의지할 수 있어야 한다."[11]

우리 주의를 흐트러뜨리는 외부의 방해와 유혹에 굳게 맞설 때 비로소 자기 자신을 버리지 않게 된다. 중요한 것은 당신의 경험이고 오직 그것만이 가치가 있다. 스토아 철학자들의 경험과 지혜도 자기 자신의 것보다 우선일 수 없다. 그들이 깨달은 바를 자기 자신을 위해 활용한 것처럼 당신도 자신의 깨달음을 자기 삶에 적용해야 한다.

삶이 던지는 도전을 받아들이고 경험을 지혜로 탈바꿈시키면 당신이 깨달은 것들이 언젠가 이 세상에 살아갈 이들에게 도움을 줄 수 있을 것이다.

"오직 내가 경험하고
깨달은 것만이 가치 있다."

"오직 내가 경험하고
깨달은 것만이 가치 있다."

매 순간을 내게 중요한 의미와 목적으로 채워나가자

5

미국 원주민 라코타족의 지혜로운 주술사 스위프트 클라우드와 인근 요새에 주둔 중인 백인 친구가 다시 한 자리에 모였다. 둘은 함께 평화의 파이프 담배를 피웠고, 스위프트 클라우드는 자기 부족민인 인디언들의 생각을 백인 친구에게 전하려 애썼다. 스위프트 클라우드가 파이프를 한 모금 빨아들이더니 마침 천막 안의 그들 앞에 놓인 낡은 냄비를 가리키며 물었다.

"이보게. 자네 앞에 뭐가 있나?"

그러자 백인 친구가 대답했다.

"새카맣게 그을린 찌그러진 스튜 냄비가 보이는군. 냄비는 화덕 위에 올려져 있고, 안에서 물이 끓고 있어. 냄비에서 천천히 김이 나면서 천막 지붕까지 올라가고 있고. 끓는 물 속에는 고기 몇 점과 비곗덩어리, 뼛조각과 작은 감자들이 들어 있네."

그러자 스위프트 클라우드가 말했다.

"사람들에게 이 냄비는 맛있는 고기 수프를 담아놓은 그릇일 뿐이라네. 수프 냄새를 맡으면 배가 고파지고 먹고 싶다는 생각이 들지. 하지만 이 오래되고 찌그러진 냄비에 대해서는 거의 생각을 하지 않아."

백인 친구는 말없이 고개를 끄덕이며 평화의 파이프를 한 모금 빨아들였다.

스위프트 클라우드는 설명을 이어갔다.

"나는 인디언일세. 인디언들은 우리 앞에 놓인 이 냄비같이 아주 사소하고 단순한 것들에 대해 자주 생각한다네. 냄비가 우리 인간에게 주는 교훈은 뭘까? 냄비 안에서 끓는 물은 비구름에서 온 것이라네. 그 구름은 우리 위의 하늘을 상징하지. 또 물을 끓게 한 불은 태양으로부터 온다네. 태양은 식물과 동물, 인간 등 만물을 따뜻하게 해주지. 지구 위에 있는 모든 것을 말이야. 그리고 냄비 속 고기는 우리와 같은 피조물인 짐승들을 떠올리게 하지. 그들은 인간의 형제들이고 기꺼이 우리 식량이 되어준다네. 자신을 바쳐 우리의 생명을 유지시켜주지. 그다음에는 냄비에서 올라오는 김을 바라보게나. 이제 자네는 삶의 숨결을 상징하는 것을 보고 있는 셈이지. 그 숨결은 한때 하늘에 있는 구름에서 나온 물이었다가 이제는 김이 되어 다시 하늘로 올라가지. 그렇게 우리에게는 모든 게 신성하다네. 가장 작은 것들도 예외가 아니지. 이런 생각을 하면서 나는 우리 모두의 생명을 유지시켜주고 단순한 수단을 통해 우리를 보살펴주는 위대한 창조력을 떠올릴 수밖에 없다네."

스위프트 클라우드의 말이 끝나자 두 친구는 말없이 생각에 잠긴 채 김이 천막 천장을 뚫고 하늘로 올라가는 모습을 지켜보았다.

"두려워하지 않으려면 희망하는 법을 배워라."

의료기기로 환자의 생명을 연장하려는 의사들의 시도가 반드시 환자에게 도움이 되는 것은 아니다. 이는 디폴트값처럼 정해진 운명을 거역하는 일일 뿐 아니라 물질과 비물질의 차원이 결합된 현실을 제대로 이해하지 못하는 행위다. 오직 물질세계만 보고 이 세상을 떠날 준비를 하는 자는 물질과 함께 소멸할 것이다. 하지만 스토아 철학을 실천하는 사람에게는 삶을 연장할 좋은 방법이 있다. 매일매일, 매 순간, 삶을 유용하게 활용하고 의미와 목적으로 채워나가는 것이다.

세네카는 "인생은 길고, 우리가 이용하고자만 한다면 여러 훌륭한 일을 할 수 있는 충분한 기회를 준다"고 했다.[12] 그러니 시간을 내서 진정 삶에서 중요한 것이 무엇인지 곰곰이 생각해보자. 한 해를 마무리하는 시기가 되면 다가오는 새해의 계획들을 정리해 목록으로 만들어보자. 스토아 철학에서 영감을 얻은 결심들을 적어보고 목표를 정하자. 새해에 개선하고자 하는 점과 저물어가는 올 한 해에 이룬 성취를 적어보자. 새해 첫 달에는 그동안 삶에서 소홀히 했을지도 모를 중요한 일들에 좀 더 관심을 쏟겠다고 결심하자.

한 해가 끝나는 이 시점에 특히 중요한 것은 감사하는 마음이다. 세네카는 그 이유를 이렇게 설명한다. “왜냐하면 감사는 우리 자신에게 좋은 것이기 때문이다. 반면 정의는 일반적으로 남과 관련된 것이기에 그렇지 못하다.”[13]

삶에서 마주하는 작은 일에 감사하자. 신이 난 아이들과 함께 보내는 햇살이 비치고 눈 쌓인 아름다운 겨울날, 길에서 마주친 이름 모를 여인의 미소, 이웃의 정다운 모습 같은 것에 감사하자.

고마움을 느끼며 마음속에 오래 간직할 만할 일들은 얼마든지 많다. 감사는 ‘에토스’, 즉 스토아주의자의 품성 또는 평생에 걸친 인격도야의 중요한 부분을 이룬다. 세네카는 말했다. “잠자리에 들 때 우리는 자신에게 이렇게 말해야 한다. ‘나는 이미 다 살았다. 운명이 정해준 길을 끝까지 걸었다.’ 신이 우리에게 또 다른 아침을 선물한다면 횡재한 기분으로 기쁘게 맞이할 것이다.”[14]

"두려워하지 않으려면
희망하는 법을 배워라."

"두려워하지 않으려면
희망하는 법을 배워라."

맺음말

고대 그리스 로마 시대에 창시된 스토아 철학의 원칙과 덕목이 2천 년 이상의 시간이 흐른 지금까지도 현대인들을 매혹시키는 이유는 무엇일까?

그것은 바로 2천 년 전에도 현재에도 있는 것, '지금 이 순간' 때문이다.

내 안에서 경험하는 '지금 이 순간'은 다양한 시대를 하나로 묶는 끈이 되어준다. 앞으로 또다시 2천 년의 세월이 흐르는 동안에도 이를 통해 사람들은 고대 그리스와 로마로 거슬러 올라가는 스토아 철학의 근원과 연결될 것이다. '지금 이 순간'은 스토아적 삶의 규칙을 따르고 변치 않는 내적 가치들에 집중할 때 도달할 수 있는 우리 내면의 차원이다. 이런 점에서 스토아주의자는 남다른 데가 있다.

사람들은 대부분 카메라 렌즈를 보면서 바깥세상을 사진 찍는 이들에 비유될 수 있다. 렌즈를 들여다보는 동안 그들의 시선은 바깥을 향해 있고, 그 시야는 자신으로부터 벗어나 있다. 이 세상에서 가장 넓은 화각을 가진 광각렌즈로 보더라도 사정은 마찬가지다. '저 바깥' 세상이 아무리 넓어 보이더라도 렌즈를 들여다보고 있는 사람이 카메라를 치우고 자기 자신을 바라볼 준비가 되어 있지 않다면, 바깥세상은 그 자신에게 별 의미를 갖지 못한다. 더 중요한 것은 조용히 여유를 갖고서 자신의 눈으로, 맑은 정신으로 내면에 집중함으로써 자기 생각을 통제하는 법을 배우는 것이다. 이럴 때 비로소 바깥 세계가 내 머릿속에 온전히 반영될 수 있다.

자기 생각과 외부 세계 사이에 이루어지는 이 같은 심리적 · 물질적 상호작용을 충분히 이해할 때 비로소 당신은 우주의 원칙들이 원인이 되어 만들어내는 당신의 운명에 관해 더 많은 것을 깨닫게 될 것이다.

이제 중요한 것은 단 하나, 수많은 길 가운데 자신에게 주어진 하나의 길을 발견해 스토아적 원칙에 충실하게 굳센 자세로 걸어 나가는 일이다.

참고문헌

세상에서 가장 짧은 스토아 철학 수업, 10가지 문장으로 보는 스토아 철학의 핵심 가르침

1. Nickel, Rainer (Hrsg.), *Stoa und Stoiker. Auswahl der Fragmente und Zeugnisse. Zwei Bände. Griechisch – Lateinisch – Deutsch*, Artemis & Winkler Verlag, 2009.
2. Fündling, Jörg, *Marcus Aurelius. Kaiser und Philosoph*, Primus Verlag, Darmstadt, 2008.
3. Bachtin, Michail, *Rabelais und seine Welt. Volkskultur als Gegenkultur*, Suhrkamp, Frankfurt am Main, 1987.
4. Forschner, Maximilian, "Stoa, Stoizismus" in *Joachim Ritter (Hrsg.), Historisches Wörterbuch der Philosophie, Band 7*, Basel und Stuttgart, 1974.
5. Forschner, Maximilian, *Die Philosophie der Stoa. Logik, Physik und Ethik*, Theiss/WBG, Darmstadt, 2018.
6. Rist, John, Michael, *Stoic Philosophy*, Cambridge University Press, 1969.

7 Brennan, Tad, *The Stoic Life*, Oxford University Press, 2005.

8 Long, Anthony Arthur, *Hellenistic Philosophoy: Stoics, Epicureans, Skeptics*, Duckworth, London, 1986.

9 Long, Anthony Arthur, *Die hellenistischen Philosophen. Texte und Kommentare*, Metzler, Stuttgart, 2000.

10 Busch, Thomas, Weinkauf, Wolfgang, *Die Stoa. Kommentierte Werkausgabe*, Pattloch, 1994.

11 Arnim, Hans von (Hrsg.)., *Stoicum Veterum Fragmenta I-III*, Teubner, Leipzig, 1903-1905.

12 Hossenfelder, Maite (Hrsg.), *Antike Glückslehren. Quellen in deutscher Übersetzung*, Kröner, Stuttgart, 1996.

13 Inwood, Brad, *The Cambridge Companion to the Stoic*, Cambridge, 2003.

14 Sandbach, Francis, Henry, *The Stoics*, Duckworth, London 1994.

15 Pohlenz, Max, *Die Stoa. Geschichte einer geistigen Bewegung*, Vandenhoeck & Ruprecht, Göttingen 1992.

16 Fündling, Jörg, *Marcus Aurelius. Kaiser und Philosoph*, Primus Verlag, Darmstadt, 2008.

17 Schriefl, Anna, *Stoische Philosophie. Eine Einführung*, Reclam, Ditzingen, 2019.

18 Evans, Jules, *Philosophie für's Leben: ... und für andere gefährliche Situationen*, Lotus, 2012.

19 Lichtenberg, Johannes, *Stoizismus - Die Philosophie der Resilienz und Gelassenheit. Wie du die Lehre der Stoa im Alltag verwendest, gezielt deine Resilienz erhöhst, Gelassenheit lernst und deine Emotionen kontrollierst*, KR Publishing, 2020.

20 Hossenfelderm Malte, *Die Philosophie der Antike 3: Stoa, Epikureismus und Skepsis/Geschichte der Philosophie Band III*, Verlag Beck,

München, 2017.

1월

1 Ackeren, Marcel, van (Hrsg.), *Selbstbetrachtungen und Selbstdarstellungen. Die Philosoph und Kaiser Marcus Aurelius in interdiszplinärem Licht. Akten der interdisziplinären Kolliquims Köln, 23 bis 25 Juli 2009*, Reichert, Wiesbaden, 2012.
2 Seneca, *Epistulae morales ad Lucilium, Text mit Wort- und Sacherläuterungen, Arbeitskommentar mit Zweittexten*, Klett, 1986.

2월

1 Ackeren, Marcel, van (Hrsg.), *A Companion to Marcus Aurelius*, Blackwell, Oxford, 2012.
2 Seneca, *Epistulae morales. Exempla 12*, Vandenhoech & Ruprecht, Göttingen, 2001.
3 Blank-Sangmeister, Ursula, *Seneca-Brevier*, Reclam, Stuttgart, 1996.
4 Schmidt, Heinrich (Hrsg.), *Epiktet: Handbüchlein der Moral und 28. Unterredungen*, Kröner, Stuttgart, 1984.
5 Tolle, Eckkart, *Leben Im Jetzt: Lehren, Übungen und Meditationen aus The Power of Now*, Arkana, 2002.

3월

1 Seneca, *Epistulae morales. Exempla 12*, Vandenhoech & Ruprecht, Göttingen, 2001.
2 Hahn, Michael, *Vom rechten Leben: Buddistische Lehren aus Indien und*

Tibet, Verlag der Weltreligionen im Insel-Verlag, 2007.

3 Rosenbach, Manfred, *Seneca: Philosophische Schriften, Bd. II*, Darmstadt, 1993.

4 Möller, Hans-Georg, *In der Mitte des Kreises. Daoistisches Denken*, Verlag der Weltreligionen im Insel-Verlag, 2010.

5 Epiktet, *Was von ihm erhalten ist nach den Aufzeichnungen von Arrians*, Winter, Heidelberg, 1926.

6 Reiter, Florian, C., *Taoismus zur Einführung*, Junius Verlag, 2011.

7 Nickel, Rainer (Hrsg.), *Epiktet, Teles, Musonius, Ausgewählte Schriften*, Artemis & Winkler, München u. Zürich, 1994.

8 Weeber, Karl-Wilhelm, *Diogenes. Die Botschaft aus der Tonne*, Nymphenburger, München, 1987.

9 Epiktet, *Was von ihm erhalten ist nach den Aufzeichnungen von Arrians*, Winter, Heidelberg, 1926.

4월

1 Schmidt, Heinrich (Hrsg.), *Epiktet: Handbüchlein der Moral und 28. Unterredungen*, Kröner, Stuttgart, 1984.

2 Liessmann, Konrad, Paul, *Sören Kierkegaard zur Einführung*, Junius Verlag, 2019.

3 Dyer, Wayne, W., *Ändere Deine Gedanken - und dein Leben ändert sich: Die lebendige Weisheit des Tao*, Goldmann Verlag, 2008.

4 Hays, Gregory, *Mark Aurel: Selbstbetrachtungen: In einer Neuübersetzung von Gregory Hays*, FinanzBuch Verlag, 2020.

5 Ackeren, Marcel, van (Hrsg.), *Selbstbetrachtungen und Selbstdarstellungen. Die Philosoph und Kaiser Marcus Aurelius in interdiszplinärem Licht. Akten der interdisziplinären Kolloqiums Köln, 23 bis 25 Juli*

2009, Reichert, Wiesbaden, 2012.

6 Fündling, Jörg, *Marcus Aurelius. Kaiser und Philosoph*, Primus Verlag, Darmstadt, 2008.

5월

1 Farnsworth, Ward, *Der praktizierende Stoiker: Ein philosophisches Handbuch für den Verstand*, FinanzBuch, 2021.

2 Corino, Karl, *Robert Musil. Eine Biographie (Rowohlt Monographie)*, Rowohlt Buchverlag, 2003.

3 Damschen, Gregor, Heil, Andreas (Hrsg.), *Brill's Companion to Seneca. Philosopher and Dramatist*, Brill, Leiden, 2014.

4 Nietzsche, Friedrich, *Gesammelte Werke(Anaconda Gesammelte Werke, Band 17)*, Anaconda Verlag, 2012.

5 Klein, Richard (Hrsg.), *Marcus Aurelius*, Wissenschaftliche Buchgesellschaft, Darmstadt, 1979.

6 Fraenkel, Eduard, *Horaz*, Wissenschaftliche Buchgemeinschaft, Darmstadt, 1983.

7 Ehrenpreis, I, *Swift. The Man, His Works, and the Age*, London, 1962-1983.

6월

1 Hossenfelderm Malte, *Die Philosophie der Antike 3: Stoa, Epikureismus und Skepsis/Geschichte der Philosophie Band III*, Verlag Beck, München, 2017.

2 Rosenbach, Manfred, *Seneca: Philosophische Schriften, Bd. II*, Darmstadt, 1993.

3 Ackeren, Marcel, van (Hrsg.), *Selbstbetrachtungen und Selbstdarstellungen. Die Philosoph und Kaiser Marcus Aurelius in interdiszplinärem Licht. Akten der interdisziplinären Kolliquims Köln, 23 bis 25 Juli 2009*, Reichert, Wiesbaden, 2012.

4 Grieb, Volker (Hrsg.), *Marcus Aurelius - Wege seiner Herrschaft*, Computus, Gutenberg, 2017.

5 Hossenfelder, Maite (Hrsg.), *Antike Glückslehren. Quellen in deutscher Übersetzung*, Kröner, Stuttgart, 1996.

6 Bielschowsky, Albert, *Goethe, sein Leben und seine Werke, 2 Bände*, C.H. Beck, München, 1925.

7 Long, Anthony Arthur, *Die hellenistischen Philosophen. Texte und Kommentare*, Metzler, Stuttgart, 2000.

7월

1 Klein, Richard (Hrsg.), *Marcus Aurelius*, Wissenschaftliche Buchgesellschaft, Darmstadt, 1979.

2 Todd, Olivier, *Albert Camus. Ein Leben*, Rowohlt, Reinbek, 1999.

3 Busch, Thomas, Weinkauf, Wolfgang, *Die Stoa. Kommentierte Werkausgabe*, Pattloch, 1994.

4 Fündling, Jörg, *Marcus Aurelius. Kaiser und Philosoph*, Primus Verlag, Darmstadt, 2008.

5 Lichtenberg, Johannes, *Stoizismus - Die Philosophie der Resilienz und Gelassenheit. Wie du die Lehre der Stoa im Alltag verwendest, gezielt deine Resilienz erhöhst, Gelassenheit lernst und deine Emotionen kontrollierst*, KR Publishing, 2020.

6 Schmidt, Heinrich (Hrsg.), *Epiktet: Handbüchlein der Moral und 28. Unterredungen*, Kröner, Stuttgart, 1984.

7 Fischer, Theo, *Tao heisst Leben, was andere träumen*, Rowohlt Taschenbuch, 2010.

8 Schmidt, Heinrich (Hrsg.), *Epiktet: Handbüchlein der Moral und 28. Unterredungen*, Kröner, Stuttgart, 1984.

9 Dyer, Wayne, W., *Ändere deine Gedanken - und dein Leben ändert sich: Die lebendige Weisheit des Tao*, Goldmann Verlag, 2008.

10 Rechenauer, Georg, "Demokrits Seelenmodel und die Prinzipien der atomistischen Physik", in Frede, Dorotha, Reis, Burkhard (Hrsg.), *Body and Soul in Ancient Philosophy*, De Gruyter, 2009.

11 Blank-Sangmeister, Ursula, *Seneca-Brevier*, Reclam, Stuttgart, 1996.

12 Barraux, Roland, *Die Geschichte des Dalai Lamas. Göttliches Mitleid und irdische Politik*, Komet, Frechen, 2000.

8월

1 Rosenbach, Manfred, *Seneca: Philosophische Schriften, Bd. II*, Darmstadt, 1993.

2 Farnsworth, Ward, *Der praktizierende Stoiker: Ein philosophisches Handbuch für den Verstand*, FinanzBuch, 2021.

3 Busch, Thomas, Weinkauf, Wolfgang, *Die Stoa. Kommentierte Werkausgabe*, Pattloch, 1994.

4 Schwaller de Lubicz, R.A., *Nature Word*, Inner Traditions, 1985.

5 Long, Anthony Arthur, *Die hellenistischen Philosophen. Texte und Kommentare*, Metzler, Stuttgart, 2000.

6 Klein, Richard (Hrsg.), *Marcus Aurelius*, Wissenschaftliche Buchgesellschaft, Darmstadt, 1979.

7 Ackeren, Marcel, van (Hrsg.), *A Companion to Marcus Aurelius*, Blackwell, Oxford, 2012.

8 Franz, Kafka, *Gesammelte Werde (Anaconda Gesammelte Werke, Band 15)*, Anaconda Verlag, 2012.

9 Seneca, *Epistulae morales. Exempla 12*, Vandenhoech & Ruprecht, Göttingen, 2001.

10 Ackeren, Marcel, van (Hrsg.), *A Companion to Marcus Aurelius*, Blackwell, Oxford, 2012.

11 Dyer, Wayne, W., *Ändere deine Gedanken - und dein Leben ändert sich: Die lebendige Weisheit des Tao*, Goldmann Verlag, 2008.

12 Seneca, *Epistulae morales. Exempla 12*, Vandenhoech & Ruprecht, Go ttingen, 2001.

13 Bielschowsky, Albert, *Goethe, sein Leben und seine Werke, 2 Bände*, C.H. Beck, München, 1925.

9월

1 Farnsworth, Ward, *Der praktizierende Stoiker: Ein philosophisches Handbuch für den Verstand*, FinanzBuch, 2021.

2 Rosenbach, Manfred, *Seneca: Philosophische Schriften, Bd. II*, Darmstadt, 1993.

3 Blank-Sangmeister, Ursula, *Seneca-Brevier*, Reclam, Stuttgart, 1996.

4 Forschner, Maximilian, "Stoa, Stoizismus" in *Joachim Ritter (Hrsg.), Historisches Wörterbuch der Philosophie, Band 7*, Basel und Stuttgart, 1974.

5 Appel, Sabine, *Arthur Schopenhauer, Leben und Philosophie*, Artemis & Winkler, Düsseldorf, 2007.

6 Gebhardt, Armin, *Eichendorff. Der letzte Romantiker*, Tectum, Marburg, 2003.

7 Seneca, *Epistulae morales. Exempla 12*, Vandenhoech & Ruprecht, Göt-

tingen, 2001.

8 Ackeren, Marcel, van (Hrsg.), *A Companion to Marcus Aurelius*, Blackwell, Oxford, 2012.

9 Seneca, *Epistulae morales ad Lucilium, Text mit Wortund Sacherläuterungen, Arbeitskommentar mit Zweittexten*, Klett, 1986.

10 Blank-Sangmeister, Ursula, *Seneca-Brevier*, Reclam, Stuttgart, 1996.

11 Rosenbach, Manfred, *Seneca: Philosophische Schriften, Bd. II*, Darmstadt, 1993.

10월

1 Klein, Richard (Hrsg.), *Marcus Aurelius*, Wissenschaftliche Buchgesellschaft, Darmstadt, 1979.

2 Seneca, *Epistulae morales ad Lucilium, Text mit Wort- und Sacherläuterungen, Arbeitskommentar mit Zweittexten*, Klett, 1986.

3 Rübesamen, Anneliese, A*rabische Weisheiten - Vom Zauber alter Zeiten*, Anaconda, 2016.

4 Bees, Robert, *Zenon's Politeia*, Leiden, 2011.

5 Robinson, Thomas M., *Heraclitus: Fragments*, University of Toronto Press, 1987.

6 Long, Anthony Arthur, *Die hellenistischen Philosophen. Texte und Kommentare*, Metzler, Stuttgart, 2000.

7 Sandbach, Francis, Henry, *The Stoics*, Duckworth, London 1994.

8 Seneca, *Epistulae morales. Exempla 12*, Vandenhoech & Ruprecht, Go ttingen, 2001.

9 Busch, Thomas, Weinkauf, Wolfgang, *Die Stoa. Kommentierte Werkausgabe*, Pattloch, 1994.

10 Grieb, Volker (Hrsg.), *Marcus Aurelius - Wege seiner Herrschaft*, Com-

putus, Gutenberg, 2017.
11 《구약 성경》〈출애굽기〉7:14-11:10.
12 Beutin, Wolfgang, *Der radikale Doktor Martim Luther. Ein Streit-und Lesebuch*, Peter Lang, Frankfurt am Main, 2016.
13 Robinson, Thomas M., *Heraclitus: Fragments*, University of Toronto Press, 1987.
14 Wirtz, Otto, *Das poetologische Theater Jean Cocteaus*, Droz, Genf, 1972.
15 Grimal, Pierre, *Cicero: Philosoph, Politiker, Rhetor*, List, München, 1988.
16 《신약 성경》〈갈리디아서〉6: 7.
17 Fischer, Theo, *Tao heisst Leben, was andere träumen*, Rowohlt Taschenbuch, 2010.

11월

1 Geier, Manfred, *Kants Welt. Eine Biografie*, Rowohlt, 2003.
2 Knoll, Manuel, Stocker, Barry (Hrsg.), *Nietzsche as Political Philosopher*, Berlin u. Bosten, 2014.
3 Ackeren, Marcel, van (Hrsg.), *A Companion to Marcus Aurelius*, Blackwell, Oxford, 2012.
4 Rosenbach, Manfred, *Seneca: Philosophische Schriften, Bd. II*, Darmstadt, 1993.
5 Blank-Sangmeister, Ursula, *Seneca-Brevier*, Reclam, Stuttgart, 1996.
6 Bartlett, Rosamund, T*olstoy. A Russian Life*, London, 2010.
7 Deats, Richard, *Mahatma Gandhi. Ein Lebensbild*, Verlag Neue Stadt, München, 2005.
8 Robinson, Thomas M., *Heraclitus: Fragments*, University of Toronto

Press, 1987.

9 Ackeren, Marcel, van (Hrsg.), *A Companion to Marcus Aurelius*, Blackwell, Oxford, 2012.

10 Dyer, Wayne, W., *Ändere deine Gedanken - und dein Leben ändert sich: Die lebendige Weisheit des Tao*, Goldmann Verlag, 2008.

11 Brumlik, Micha, *C. G. Jung zur Einführung*, Junius, Hamburg, 2004.

12월

1 Rosenbach, Manfred, *Seneca: Philosophische Schriften, Bd. II*, Darmstadt, 1993.

2 Seneca, E*pistulae morales ad Lucilium, Text mit Wort- und Sacherläuterungen, Arbeitskommentar mit Zweittexten*, Klett, 1986.

3 Blank-Sangmeister, Ursula, *Seneca-Brevier*, Reclam, Stuttgart, 1996.

4 Busch, Thomas, Weinkauf, Wolfgang, *Die Stoa. Kommentierte Werkausgabe*, Pattloch, 1994.

5 Grieb, Volker (Hrsg.), *Marcus Aurelius - Wege seiner Herrschaft*, Computus, Gutenberg, 2017.

6 Schimmel, Annemarie, *Sufismus: Eine Einführung in die islamische Mystik (Bech'sche Reihe)*, C.H. Beck, 2014.

7 Schmidt, Heinrich (Hrsg.), *Epiktet: Handbüchlein der Moral und 28. Unterredungen*, Kröner, Stuttgart, 1984.

8 Arnim, Hans von (Hrsg.)., *Stoicum Veterum Fragmenta I-III*, Teubner, Leipzig, 1903-1905.

9 Hays, Gregory, *Mark Aurel: Selbstbetrachtungen: In einer Neuübersetzung von Gregory Hays*, FinanzBuch Verlag, 2020.

10 Rosenbach, Manfred, *Seneca: Philosophische Schriften, Bd. II*, Darmstadt, 1993.

11 Grieb, Volker (Hrsg.), *Marcus Aurelius - Wege seiner Herrschaft*, Computus, Gutenberg, 2017.

12 Forschner, Maximilian, "Stoa, Stoizismus" in *Joachim Ritter (Hrsg.), Historisches Wörterbuch der Philosophie, Band 7*, Basel und Stuttgart, 1974.

13 Forschner, Maximilian, *Die Philosophie der Stoa. Logik, Physik und Ethik*, Theiss/WBG, Darmstadt 2018.

14 Rosenbach, Manfred, *Seneca: Philosophische Schriften, Bd. II*, Darmstadt, 1993.

흔들리지 않는 1년을 만드는 52주 스토아 철학

사소한 불행에 인생을 내어주지 마라

1판 1쇄 발행 2024년 12월 18일
1판 4쇄 발행 2025년 2월 6일

지은이 요한 크라우네스
옮긴이 이상희
펴낸이 고병욱

펴낸곳 청림출판(주)
등록 제2023-000081호

본사 04799 서울시 성동구 아차산로17길 49 1010호 청림출판(주)
제2사옥 10881 경기도 파주시 회동길 173 청림아트스페이스
전화 02-546-4341 **팩스** 02-546-8053

홈페이지 www.chungrim.com **이메일** cr2@chungrim.com
인스타그램 @chungrimbooks **블로그** blog.naver.com/chungrimpub
페이스북 www.facebook.com/chungrimpub

ISBN 979-11-5540-243-6 03100

※ 추수밭은 청림출판(주)의 인문 교양도서 전문 브랜드입니다.